人生好貴，請別浪費

特立獨行的貓——著

目錄
contents

第三章　餘生很貴，別在瑣事上糾纏

目錄
contents

自序

餘生好貴，修練自己的能力不虛度

有次帶孩子出門，回家發現密碼鎖沒電了，打不開門。我在屋主群組裡問大家該怎麼辦？

正當很多鄰居給我想辦法的時候，有個小夥子從電梯口慢慢走過來，跟我說：「星姐，我是樓下仲介小Q，我替妳叫物業公司過來了，他們馬上來給妳開門。」

我抬頭看了他一眼，因為屋主群組最初是仲介組織的，所以有幾個仲介還在裡面。這小夥子好像一直直不起後背來，我以為他生病了，或後背痛，也就沒有問。他陪著我一直等到物業公司來了，換好電池，期間他一直逗我孩子玩。

走的時候，他回頭跟我說：「星姐，有事情妳在群組裡喊我，隨叫隨到。」

我開玩笑地說：「我不租房，也不賣房，麻煩事找你多不合適。」

他說：「星姐，只要我能辦到的，妳只管說，比如妳不想下樓了，幫妳列印影印買個東西，我都行，不一定非要妳買賣房子。」

我有點詫異，但還是笑笑，算是認識了。

＊＊＊

後來有一次，我看他朋友圈寫的，自己不是暫時生病，而是從小就有一種病，讓他直不起後背，走路也有些不穩，這樣的身體條件，讓他日常生活、工作有很多困難，但他還要努力，覺得自己不能認輸，自己的路要自己走。

我有一點點感動，想到之前很多次，我在群組裡問什麼他都會單獨給我一個回覆，有時候我也沒太注意，或者只是說了一個謝謝。我記得有次太累了，想做個按摩，問問附近哪裡有按摩店，他像個哆啦A夢一樣，給我發來一堆附近按摩店的地址和電話。我問他怎麼會有這麼多資訊，他說：「我們做仲介，就是做服務，客戶交代的事情，必須盡最大努力去辦，當成自己的事情去辦！服務好了，老客戶、老業主、老朋友才會越來越多！共事過的資源，想搶都搶不走！在哪兒做，我都是最努力、資源最多的！」

我見過無數的仲介，但他是我見過的最認真最努力的人。用他自己的話來說，他身體不好，工作有很多限制，所以必須特別特別努力，才能勉強跟別人做得一樣好。要是想做到最好，就要比別人付出更多更多。所以對他來說，這份工作不僅僅是賣房子，還有交朋友，照顧和幫助好每一個客戶大事小事，才能換來更多的信任。

＊＊＊

後來，我從朋友圈裡發現他換公司了，還是做仲介，但去了一個做公寓的仲介公司。

剛開始他每天都會發一些當天帶客戶看房的心得，但可以看出來，炎炎夏日，基本上都是乾晒著，沒人簽約。我甚至有點心疼他，那麼熱的天，我在家不開空調都熱得不行，他身體不好，走路也不方便，帶著來來回回看房得有多累啊！

可過了幾天，每天的朋友圈裡，他都會晒出一兩單簽約訊息，然後是兩三單，現在幾乎每天都出五六單，成為新公司的業績第一名。

說真的，我們總共見過一次，微信交流不超過十次，但就是看他的朋友圈，一點點開始感動。可以說，我幾乎是看著他一點一點從新人做到業績第一。

＊＊＊

之所以想把這件事寫出來，是因為我被這個仲介感動了。

在朋友圈裡看到一段話：「大多數痛苦來源於：野心到位了，能力沒跟上；欲望到位了，錢沒跟上；期待到位了，感情沒跟上。」

在這個到處都宣傳著月入十萬、年入百萬人民幣的時代，很多人為了金錢，慌不擇路地消耗著自己，互相廝殺和撕扯著，那種一心一意努力奮鬥的人被當作笑話，被當成是勵志小品，被人不屑一顧。

人人都在仰望著頭頂的大咖，渴望早日成為像他們一樣有錢有名的人。很多人都把自己打扮成很厲害的樣子，做個自我介紹都能寫一頁紙。

沒人看得起普通人，沒人在乎普通人，但就在生活的角落裡，很多我們以為的普通人，都在用自己的方式拚命努力。就像這個仲介朋友一樣，他甚至沒有你我行走自如這一最基本的身體條件，但卻在我們躲著炎炎夏日在空調房間裡偷懶午睡的時候，拚出了自己的一條條路。

很多人說，自從辭職後，我變得越來越低調了，別說新書發表會或參加活動了，就連日常約吃飯都特別困難。

其實不是我低調，而是辭職後看到了太多以前看不見的東西，對周圍的一切心生敬佩，惶恐地感到自己的卑微。我仰慕大人物，但現在更欽佩身邊的普通人，因為每個人身上都有至少一個特別棒的優點，值得我傾全力去學習。

去年一年，我沒有出書，很多人問我在幹什麼。除了工作，我就是在觀察周圍的人和事。而且在這個浮躁又天天談「站在風口，豬都能飛上天」的時代，周圍很多人辭職，被裹挾進各種風口裡。他們很多人賺了大錢，成了名人，我經常能在各種地方看到他們穿著正裝的大海報，但在心底，我越來越欽佩那些值守在自己崗位上，認認真真做事的人。

比如這個說話沒超過十次的仲介朋友，他讓我在這個人浮於事的環境裡，重新想起了

「拚命」兩個字的含義。

比如我媽的手術主刀大夫，他所有的成就感，不是成名賺錢，而是病人康復回家，以及自己又攻克了一個醫學難關！每一次跟他交流，都感覺精神被洗禮了一遍。

又比如之前見過面的Toni，一本國際教育雜誌的主編，在飯桌上聊起這些年她經歷過、採訪過的家長和學校的故事，我被她深深迷住。

我愈發喜歡這樣的人，不被所謂的熱潮隨便帶走，在自己的崗位上深挖一口井，湧現出讓人欽佩和欣賞的味道。

這是我目前特別缺乏的素養和耐心，或許也是這個時代大家都缺乏的。

之前有一個高三老師的「最燃」演講特別紅，主題是「人生很貴，請別浪費」。這八個字特別擊中我。在這個時光如金時代，不要讓未來的你，討厭現在的自己，用盡生命的每一刻拚搏，你才不會後悔。

希望在未來的道路上，你我同行，奮力前進，無怨無悔。

第一章

積極努力，生活不會虧待你

生活屬於積極努力的人，
只要你努力，只要你拚搏，
生活是絕對不會虧待你的。
你要知道，生活是最公平的，
你的付出，生活是會看在眼裡的；
你的偷懶，生活也不會視而不見的。

「去年一年，我賺了一千萬人民幣！」

有一年過年的時候，跟朋友們一起聊天，一位朋友說：「去年一年，我賺了一千萬人民幣！想想真刺激，這些錢按照我以前薪水算，要賺四十年。去年辭職的時候真的很害怕，怕自己活不下去了，但真的把自己扔大海裡，沒人管自己死活了，才能拚命地游。」聽了後半句，我莫名地點頭！

我也是個辭職了的人，對此深有體會，辭職後的自己，簡直就是個發動機。人不逼，也能自覺地拚命。

當年從超穩定的跨國公司辭職，放棄了優厚的待遇和福利，還趕上了懷孕。所有人都說我傻，都勸我幹嘛不休完產假再辭職，很多人都這麼做。對我來說沒別的，就是不好意思。

剛辭職的時候，我特別惶恐。那時候我的收入只有稿費，雖然收入比薪水高，但稿費不能發一輩子，過幾年書賣得不好了怎麼辦呢？

我是個特別特別沒有安全感的人，危機感非常強烈。我總會問自己，如果不做現在的事情，自己還能拿什麼賺錢？

就是因為這樣的想法，我開始拚了命地拓展自己的能力，學更多能賺錢的本事。我給自己畫了一張圖，寫出了自己的各種能力，以及用這些能力能做什麼來賺錢，那些還不夠有能力的地方，自己該怎麼拓展和彌補。

＊＊＊

這兩年，我連著生了兩個孩子。工作上，因為身體和生孩子的原因，我一直在盡力，雖然還有很多地方做得不到位，但我能說我已經盡了自己的全力。

有一次助理問我：「星姐，妳這麼拚，到底為了什麼？真是誰都熬不過妳啊！」我想了想，我之前以為是為了賺錢，現在感覺不是，對於現在的我來講，是為了野心。我的野心不是能賺多少錢，而是我能夠成為一個怎樣的人，以及我思維方式的變革和成長能到怎樣的地步。

尤其最近一年，是我人生中思想和環境變革最大的一年，相對於錢來說，我為自己不斷跳躍變化的思維方式感到激動，特別享受這種每天刷新觀念的感覺。

以前看到這樣一句話：「一個公司想要成功，需要領導者做一百個正確的決定；而想要失敗，做一個錯誤決定就可以了。」這就是我現在的生活，每天都面臨這樣的決策，對對錯錯誰知道，都是閉著眼睛押寶，押中了皆大歡喜，押不中，一晚上冥思苦想到底哪裡出問題了，為什麼會這樣。

辭職一年半，頭髮白一半，我的生活發生了翻天覆地的變化，在一次次失敗和失落的背後，我變得越發開拓進取，膽大創新，敢於嘗試，迎難而上。我觀察周圍的每一個比我強的人，向他們學習。不是學習空口無憑的「努力」兩個字，而是學習他們的思維和邏輯，對比出自己的弱勢和不足。越對比越發現自己的不足，想學的東西也越來越多。

＊＊＊

可能你要說，別老說辭職，不是每個人都能辭職的，難道上班的就只能拿死薪水？

我的朋友小A，白天上班是總裁助理，拚命做到最好。晚上下班待孩子睡覺後，就是她自己的時光，她會寫書法，也會做好看又超精美的PPT，她用自己的兩項技能，下班後接各種工作，拚命賺錢，一個月的收入比上班還要高。

她第一次月入十萬塊的時候，興奮地跟我分享。我跟她說：「把每筆錢都記下來，每年總結，妳會發現，妳每一年都打著滾地增長錢，這就是妳的進步。」

我們都是兩個孩子的媽媽，我們都在午夜的時候還在拚命打字和努力，我們都在工作與家庭的平衡中不斷搖擺。我記得她每天晚上跟我聊天；記得她每次遇到困難時的難過和沮喪；記得她工作遇到問題時的低沉與消極，她跟我說：「我現在的每一天都非常拚命，五年前我特別鄙視這種生活態度，但現在我有兩個孩子，我要賺錢。」

這兩年中國社會變化飛快，周圍越來越多的人，下班後繼續賺錢，或者繼續進修，積攢自己賺錢的能力。

在這個變化非常快的時代裡，一份上班時穩定的收入，外加下班後需要自己拚力去做的事情，員工和老闆的身分隨意切換，調動著自己全部的潛能一起發力，越來越多的人，過上了第二人生。

＊＊＊

有一篇文章，其中一段這樣寫道：「普通人做事總是把『不傷害自己的感情』放在首位，一天到晚擔心這個害怕那個，特別脆弱。如果一個人能克服這些弱點，明確知道自己是誰，自己想要什麼，應該怎麼去做，他就會非常堅定，對生活就有掌控感。」

我覺得，這就是我這兩年越來越進入的狀態，知道自己想要什麼，越來越努力地成為自己想要成為的人，慢慢做到自己想要做的事情。我喜歡這種不穩定的生活能帶給我的快速成長和壓迫，它讓我學會在連滾帶爬的世界裡，如何踏踏實實地賺一份安心錢。

我對自己有幾個要求——忘記自己對別人的好；記住別人對自己的好；忽略別人的缺點；學習別人的優點；開放心態，嘗試新鮮事物，永遠向年輕人學習新經驗新技術；低調，不假掰，接地氣，不挑剔；每天都要賺點錢。

你呢？

那些年入百萬人民幣的年輕人，到底比你強在哪兒

和一個做傳統媒體的朋友聊天，他問我：「現在新媒體這麼紅，很多年輕人都靠新媒體賺了很多錢，但這件事並不長久啊，熱潮過去就什麼都沒了，你們這些做新媒體的，不害怕嗎？不想未來怎麼辦嗎？」

以前我也覺得這件事不長久，每天都挺擔心未來的，畢竟一直都在上班，朝九晚五，特別穩定，這種明晃晃沒人管的日子，總歸是心裡不踏實。但現在想來，哪有什麼長久？即使是朝九晚五的工作，做得不好也一樣有被開除的風險。

今年做得還不錯的事情，可能明年市場一變就什麼都沒有了。總在追求穩定和沒風險的我們這一代，明顯已經被現實啪啪打臉了。

作為站在新媒體中心的人，我做這行已經快十年了。從二〇〇八年剛有部落格開始，無論是替客戶做還是替自己做，每天都能看到很多年輕人湧入這個圈子。但機會，永遠都屬於先行者。

這世界哪有什麼長久和不長久，不長久的是每一個熱潮，但長久的是每一個熱潮都緊緊抓住，並能夠把握機會做到最高點的人。即使有一天這個熱潮消失了，不再好了，他們只要轉換到一個新的平台一樣能過得很好。

新媒體確實是個風口，但並不是任何一個人站到風口都能飛起來。我曾經也為他們擔憂，擔心這些沒有什麼工作經驗的年輕人，有一天風口不在了該做什麼呢？當我的朋友問我會不會害怕的時候，我突然發現，我們這一代人所擔憂的，正是我們比起年輕人最為缺乏的一些品質。他們並不是勝在所謂的風口，而是勝在以下這五點。

1. 因為不穩定，因此快速學習更多領域，不斷給自己創造機會

我們這一代人，也曾經在畢業的時候勇敢地選擇外商或私人企業，以為會面臨風起雲湧的刺激生活。但其實，十年之後，每個人追求的還是穩定。選擇之前，總在想能做多久，如果過幾年就不穩定了，寧可不開始。也就是這個想法，讓我們離財富越來越遠。

而那些年入百萬的年輕人，他們知道自己做的事情不長久，因此拚命抓緊時間學習和開發更多領域的機會，不斷地給自己創造可以盈利的地方。善於動腦筋，而不是坐在辦公室裡天天聊微信，一副養老狀。比起我們，他們比我們更清楚，這個時代的成功，屬於有能力又能趕上時代的人，而不僅僅是上班不遲到、爭當好員工的人的天下。

2. 遇到機會和風口，迅速學習相關知識，乘上大趨勢的順風車，實現爆發式成長

新媒體營運領域，最有名的兩個人——粥左羅和楊坤龍，他們都是透過普通的新媒體工作機會開始接觸這個行業的。起初他們都是月薪幾千人民幣的小編而已，但善於發現機會和風口的他們，迅速學習相關的一切知識，並輔之以大量的實踐和操作，讓自己迅速成為業內專家，從而替自己打開了一扇新大門。

有一個顛撲不破的商業真理是：「人在哪裡，致富的機會就在哪裡。」當新媒體成為整個行業大趨勢的時候，乘上大趨勢的順風車，再加上夠好的技術，成功一定跑不了。

3. 善於抓住自己的所長，發展到極致，已經不接受按部就班的升職加薪，太慢了

李欣頻說過一句話：「建立自己的風格與專業，把自己當作一項事業，當成個人品牌來經營，創造自己名字的價值，幫自己建一個別人拿不走的身分，而不是社會價值下的職位。」

這是李老師十年前一本書上的話，在今天成了全民熱潮。幾乎所有的年輕人，都在努力地打造自己的品牌，並努力發揮到極致。新媒體營運、內容創業、知識變現、社群行銷……每個領域玩得好的人都能賺錢。他們已經不接受按部就班的升職加薪，太慢了。

4.敢於給自己投資和投入，業內學習氛圍濃厚，經常舉辦講座活動交流，資源互換

當今什麼最紅？知識變現！那知識從哪裡來？學習！作為新媒體圈子的人，如果只是有兩把刷子，根本不足以讓自己變現，敢於給自己投資和投入，讓自己變得更加跨界和優秀，是這個圈子的首要資本。

做新媒體的人，誰沒有買過一把一把的課程？只要能聽到一個對自己有用的資訊，都如獲至寶地珍藏起來，而不像我們大多數人，總是自視清高，拒絕與他人分享交流，總覺得自己才是最好的。

5.敢想敢做，很多機會和位置都是自己想的，自己造的

新產品、新玩法總是那些敢想敢做的人，冒著巨大的風險開始做的。我也遇到過幾次做新平台的機會，但每一次都心驚膽戰，總想等著別人先做穩定了自己再開始，害怕出錯，害怕失去，害怕承擔風險。

但這些年輕人不怕，並且樂此不疲，甚至於他們還會給自己創造機會。我第一次聽說微信公眾號有助理，有排版設計師，有校對，有選圖人員的時候，也驚呆了。但不得不說，這確實有很大的市場需求，並且機會很多，市場缺口很大，好內容難求，好助理、好手們同樣高薪難求。

以前我覺得，在年輕的時候得到大量的財富，也許並不是一件好事，因為未來也許有一天沒有錢的時候，就會過得很艱難。但反過頭來想，能保證自己一輩子都有錢的，是能力，而不是時光和某個職位。

這些年輕人也許是幸運的，在他們年輕的時候，遇到一次千載難逢的好機會。但這個機會其實是全民的，是所有人的。讓他們成功的不是風口和機會，而是他們調動了自己所有的積極性和熱情，讓自己在這個風口下有十足的競爭力，從而取得了人生跨越般的成功。

我跟開頭的那位朋友，從小都是好學生，害怕風險，一步步地規劃好自己的人生，從不出錯，怕失去機會，做事情畏首畏尾，總要確定了沒風險才會開始行動。我們曾經在職場上特別努力地打拚，也不過賺那麼幾千幾萬塊錢。但面對新的時代，更多年輕人的快速反應，敢於冒險和挑戰，瘋狂學習與互助，這才是我們最應該學習的。

有句話說：當今社會的成功，不再是按部就班的努力，而是長時間的積累+時代的洪流和風口，只有這樣才可能實現開外掛一般的人生。

沒錯，就是這樣。

破格升職加薪的人都做了什麼？

小A在微信上狂炸我，為了跟我說一句話：「有個公司出年薪一百三十萬人民幣挖我去，妳說我去不去？」

我覺得她是在炫耀，但我不得不承認，前幾年還跟所有人一樣沉默在辦公室小隔間裡的小A，這兩年成了職場炙手可熱的紅人。公司幾千人，那麼多業務組都在爭搶小A每天的時間，即使下班後都電話不停歇。即便在大的經濟環境不好的今天，她不僅年年升職加薪，而且加薪幅度都不小，同時外面還有各種公司的橄欖枝在向她招手。

作為曾經跟小A一起奮戰的同事，我們一起熬過了很多個不眠夜，也在一起吃了很多外賣，一起胖了很多公斤，但也同樣知道，小A的人生為什麼突然開了外掛。

小A是做創意的，算是個資深創意人。雖說外商沒有公家單位穩定，但小A的日子過得還不錯，每月幾萬塊錢到手，客戶做久了也沒什麼大挑戰，每天就是想想點子開開會，日子過得風平浪靜。

但有一次的創意會議，一向被客戶信任的她，被新來的九五後小鮮肉們搶了風頭。會議結束以後，客戶還特意提到，這幾個孩子以後最好能轉正職，現在的產品都走年輕化，就需要小鮮肉們的腦子。靈光好使反應快，稍加訓練一下，絕對是做創意的一把好手。

那天一直被客戶信任的小A第一次失寵了，甚至客戶都沒正眼看過她。一直覺得自己還挺有能力的小A，第一次感到了內心深處的恐慌。職場危機，第一次逼到了她的面前。想明白之後，小A突然辭了職，開始替自己加碼，先是跟小鮮肉們打成一片，混在年輕人中，她才發現自己居然都這麼Out了！接著，她又報考了Top 2大學的MBA，跟各行各業的高手們一起上課，才知道自己以前的眼界多麼狹窄。最重要的是，她不僅開始在創意上精耕細作，還經常去進修一些看似與創意完全沒關係的內容，比如金融、天文、醫學、技術，甚至學會了寫程式碼。在她看來，作為一個創意人，跨界是未來的方向。一個只懂創意但不懂行業的人，根本無法為不同行業的客戶想出真正適合的創意。

這幾年，狗都沒有小A累。一把年紀的準中年婦女，每天活躍地出現在京城各種年輕人的活動上，沒完沒了地上各種課，聽各種講座，飛到世界各地去參觀進修，把工作十年累積下來的各種帶薪假期都燒光了，錢也燒差不多了，請我吃飯都從一人三百元人民幣大餐直降為一人五元人民幣的路邊麵攤了。她總告訴我，她會賺回來的，一人三百元的飯一定還會有的。

兩年後再次回到職場的時候，小A已經成為一個跨界達人。無論知識量、專業能力、人脈關係，都甩了以前的同事幾百條街。現在的她，天天馬不停蹄地跑，各個業務組都供著她等著她，新客戶專案都要先聽聽她的想法，老客戶開會都要問問她的時間行不行。

小A跟我說：「以前我覺得做好一個創意者就夠了，專業能力最重要。後來發現，自己並沒有真的做到很專業，反而畫地為牢自己鑽進去不肯出來，以為這就是自己的安全線。舒適區待久了總會遇到入侵的獵豹，真的走出來才發現，做好專業，並從專業中跨界出其他能力，才是現在的職場需求，自己傻了整整十年，終於醒悟過來了。」

然而，話說回來，跨界聽起來簡單做起來難，做不好就變成四不像。想要在跨界上做出一定的成績，到底該從哪些方面入手呢？愛秀的小A給出了以下的幾個祕笈。

1. 把自己的專業做紮實，再去考慮跨界

有一個絕對拿得出手的專業能力，是跨界的基礎，就像周杰倫唱成亞洲天王才去做電影。一個沒做好就去抓另一個，結果看起來好像什麼都會，但什麼都做不了。

2. 知識體系的交融

人總習慣去接受自己喜歡和想要的東西，而拒絕陌生與困難的事情。讓自己學會接受，學會迎難而上，重新撿起少年時的勇往直前，是知識體系交融的重要思維方式。

3.人脈關係的互換

我以前特別宅，不想見人，但有時候迫不得已與一些人交流後發現，每個人的亮點和擅長的領域，簡直是自己大腦的興奮劑。透過認識一個人，瞭解一個新領域，簡直是再划算不過的事。

4.歸零的意識與行動

人越大越不容易謙虛，以為自己已經知道了全世界，好為人師、剛愎自用、封閉內心、畫地為牢……這才是我們在職場越來越沒有安全感的原因。

現在，我也在向小A學習，夯實自己的寫作基礎，逐步跨界到不同的領域去探索。我跟人學習服裝行業的知識，與理財保險公司的朋友學金融知識。最讓我感到有成就的，並不是賺了多少錢（倒是花了很多錢），而是自己透過跨界的學習和探索，腦子裡不斷生出新想法、新目標。

我終於明白了為什麼自己經常患得患失，是因為自己一直在原有的圈子裡打轉，人生沒有什麼進步所帶來的不安全感。現在，這種透過跨界學習帶來的成就感，不僅讓我內心充實，更讓我找回了消失許久的心安。現在的我，每時每刻都充滿了好奇心，把自己的內心歸零，看到周圍的一切都感覺到新鮮有趣。

我從來沒想過，有一天我會變成自己曾看不起的樣子

有一個週五，晚上工作到深夜，週六凌晨五點睡覺，八點起床，去幼稚園參加課程說明會。我睏得要命，強打著精神聽課。看著周圍不時提問的家長和他們認真關切的表情，我突然意識到：天哪，我居然為了孩子這麼拚。

我從來沒想過，有一天我也會變成這樣。

十年前，我覺得結婚生孩子太可怕了。那麼多人把孩子放在心頭第一位，什麼苦都能吃；那麼多家長為了天價學區住宅打破頭……我覺得他們都「有病」，我才不要過那樣的生活。再說了，不知道什麼時候才能遇到想讓我結婚生子的人，萬一有了孩子以後生活亂七八糟，那還不如單身好呢！

結果十年後，我變成了「有病」的樣子。

以前特別看不起那些無論做什麼都老想著孩子、將孩子放在第一位的女人，覺得她們生個孩子就完全沒了自我，根本想不起自己。一個女人為了孩子失去自我，或為了家庭失去自我，

是件特別悲哀的事情。那些人為了孩子上學跑斷腿，買房賣房，甚至不惜跟著孩子到學校周邊租房，一到週末就陪孩子上各種培訓班，還樂此不疲。在我看來她們跟神經病似的，至於嗎？

我曾發誓，要做一個擁有自我、愛自己、獨立的媽媽，不把孩子放在心中第一位，要以整個家庭為重。積極發展自己，孩子差不多就行，不要求太高。

現在，我有兩個孩子，孩子的事就是全家的頭等大事。自己生病隨便買點藥吃吃就熬過去了，孩子生病十分鐘之內送到醫院；自己買衣服少一件也沒關係，但孩子的衣服只能多不能少，而且都是最好的；為了孩子的幼稚園，積極關注了七八個幼稚園的公眾號；開放日活動一個不落，申請和面試幼稚園認真謹慎；為了家長的英文面試，還報了幾萬塊錢的口語課；孩子才兩歲，早期教育課程和藝術課就排得繞著北京全城跑。

對於這一切，在我以前的心裡，完全是持否定觀點的，這都是我曾經從來不會理解甚至看不起的東西。然而，卻是我現在的樣子。

表妹生了一對雙胞胎，她曾在朋友圈裡寫道：「原本我也是一個有起床氣的人，可現如今，我一晚上被哭聲鬧醒四次，並且頂著頭痛一晚上哄孩子到天亮。這堅強的意志，把我自己都驚呆了。」

有時看到很多年輕的朋友說不想結婚，更不想要孩子，為了結婚和生孩子的話題，跟父母吵得天翻地覆。我曾經也是這樣的人，抵抗婚姻，抗拒小孩。只是現在，當時間把我推到這個位置，當我遇到真愛，並順理成章地有了孩子，我才明白，其實人生每一步都是一個新世界，而每一個新世界帶給我們的都是全新的人生體驗，都會帶給我們對自身、對生活、對家人更深的思考和越來越無法言說的愛。

當然，你也會發現，自己居然變成了曾經不想變成的樣子，但這個樣子在今天看來，不僅熟悉，而且透著生活裡的煙火氣息。第一次做媽媽，第一次被當作家長，第一次拉著孩子上培訓班，誰說這一切不意味著自己的人生又有了新的征程？

現在我已有兩個孩子，老大天天媽媽媽媽地叫個不停，老二睜著大眼睛天天看搖鈴。有幾天老公感冒去客房睡覺，每天晚上我都左擁右抱。半夜醒來給老二餵奶換紙尿褲，老大都會醒來，在旁邊睏呆呆地靠著我，迷迷糊糊地遞給我紙尿褲。說真的，半夜醒來折騰一小時，很累很累的，經常餵奶餵到奶瓶都掉了。可誰說，這又不是最溫暖的時光？而且，一輩子只有那麼一年。

在一次分享會上，有人問我：「星姐，妳覺得自己當媽媽之後，最大的改變是什麼？」我說：「我覺得我終於變成了自己曾經很看不起的那種人，為了孩子奉獻自己的一切，為了孩子能上好學校、能有最好的一切而努力拚搏。凡事都想著孩子，吃個西瓜，最甜的中心瓤一定想著留給孩子。以前，我以為自己絕不會變成這樣的人，為一個只會花自己錢的小東西做出這麼大的犧牲，簡直就是傻。但現在我明白，這不是犧牲，這是一種天性使然，我們的父母也曾這樣對我們，每一代的父母都是這樣，一代代，熬過每一個春夏秋冬。即便今天，我變成了自己曾經特別看不起的那種人，我也覺得特別幸福和安心。」

不是工作不好學習沒用，是你沒用！

不是讀書沒用，是你沒用

朋友小C又開始跟我抱怨了，還是老問題，工作兩三年了，薪水還是一點點，這個行業就是這樣，工作多事情多就是錢不多。周圍的同事都是那麼一點點工資，真不知道是什麼精神在支撐著大家，這樣幹下去，十年八年還是這個樣子，怎麼買房買車養孩子呢？

我問她：「我聽說妳老闆年薪幾百萬人民幣啊！而且我有朋友也做這個行業，算是你們業界翹楚了，第一年年薪就四十萬人民幣了。」

小C說：「那倒是，但我老闆很辛苦啊，至今未婚。而且這些都是非常個別的現象，大部分人都沒有這麼高的薪水啊！」

難道這個世界不就是一小部分優異者得到更多，大部分普通人都一樣嗎？哪個行業不是這樣呢？

我問小C：「那妳覺得妳老闆最大的特質是什麼呢？」

小C說：「工作狂，不要命，特別能投資自己去進修，她的錢估計也沒剩多少吧，但進修到底有多少用不知道，我平時也挺愛學習的，不過感覺對薪水也沒啥提升作用。」

哦，我想起了一個大咖的微博裡，有個讀者說他：「讀書根本就沒有用，我讀了那麼多書，還是月薪三千元人民幣起，你這個騙子。」

大咖回覆他：「不是讀書沒用，是你沒用！」

看待問題的眼光和角度，決定你的未來

有一次跟朋友吃飯，朋友跟我說：「星姐，妳微信裡推薦的那個理財課程，我去年年底上了免費課，之後又上了很多他們的其他課程，現在開始投資美股了，收益10%都多。雖然我沒妳賺錢多，但我有信心透過投資超過妳！」

好囉，這是遇到一個炫富的。我想起當時他進修其他課程時，我還幫他找過一些優惠券什麼的，沒想到這麼快就發家致富了，我心裡盤算著10%也太高了，嫉妒死了啊，只好打趣他：「我就沒偏財運啊，太慘了，上帝就讓我老老實實賺錢，為啥我一進股市就狂跌啊。」

朋友接著跟我說：「一看妳推薦我就得剁手，我都不敢看妳文章了，完全抵抗不了。就說妳以前推薦的那個英語課程，妳學了好幾年的那個。我現在學了半年了，前段時間公司選下半年外派美國的人選，雖然我沒有妳好，但口語進步得我自己都驚訝，妥妥地能去，沒問題。」

我經常會收到很多讀者的來信，表示經過我的推薦學習了什麼內容，自己怎麼做的，取得了什麼進步，特別來感謝我。其實我特別高興，不是因為你相信了我，而是因為你願意為了改變自己去試一試。

每次分享學習內容，有人覺得是廣告，罵一句走人，有人認真看內容試聽報名天天上課學。其實，看待問題的眼光和角度，已經決定了你的未來。

是你沒能耐賺到錢，還是這個行業就沒錢

我曾寫了一篇微博，內容是：「經過了做自媒體的錘鍊，等過兩年孩子大了，我打算再就業的時候，我就去做廣告文案，專門寫廣告詞，寫一個扎心一個，寫多少都有詞兒……寫自媒體廣告太鍛鍊人了，腦子快，打字快，掏心掏肺都是愛。所以說，不是工作不好，是自己無能，任何工作都特別鍛鍊人。」

我有做保險的朋友，二十五歲就做到了某外資保險公司中國區大區經理。

我有做行銷的朋友，二十五歲做到了中國區最年輕的總監。

我有些九〇後的朋友，不乏年薪幾百萬人民幣的佼佼者。

我有寫書的朋友，第一本書就暢銷百萬，滿世界轉悠。

我們習慣性地用自己的想法做判斷，以為自己不行，就是大家都不行，行業也不行。自己不學好、不明白、看不懂，就說學習沒用或讀了一本爛書。

是你不行，還是別人不行？是你不行，還是整個行業都不行？是你沒能耐賺到錢，還是這個行業就沒錢？

十年前覺得，一定要去世界五百強，一定要做外商高階主管才能走上人生巔峰。年紀大了，認識的人多了，看的事情多了，才知道公司再厲害，都不等於自己厲害，任何行業都有數一數二的頂尖人才，就看你是不是足夠有心做到那一天。

我聽說過一個故事，一位電商的送貨小哥，做得久了把一個小區經常購物的客戶都集中在一個群組裡，每天電商有什麼特價活動，他在群組裡統一發布，很多老先生、老太太成為他的忠實客戶，每天就等著他發訊息，買買買等送貨。同樣是快遞送貨，同樣是面對一把客戶資訊，多動腦筋、多用一點心，結果就大不相同。

我也曾工作十多年，十年當中也遇到過各種困難，但每次我都抬頭看看前面的前輩，不是他們多有錢（當然他們也很有錢），而是他們多有才華和能力。

比起他們，我努力了嗎？我每天是在苦心鑽研業務，還是為了應付客戶？應該有的知識資料庫的書單都讀了嗎？公司的培訓都參加了嗎？業內大咖的分享都去了嗎？有積極思考和主動出擊嗎？還是得過且過，當一天和尚撞一天鐘？在年底的時候，看到別人公司發二十個月薪水當年終獎金就開始吐槽了嗎？

我們每個人都想要錢，覺得自己入錯了行大多是因為錢賺得太少了，但大多數的人賺不到錢，只是因為，你不行！

如果你覺得自己混得還不錯，就讓仲介帶你去看看房

房市又開始瘋漲，朋友沙拉在看房，她曾在朋友圈寫過這樣一句話：「如果你覺得自己混得還不錯，就讓仲介帶你去看看房。」

看完這話，大家都在笑，簡直一語驚醒夢中人。

我有挺多朋友是房產仲介，我特別愛看他們的朋友圈，隨便翻翻照片，看看裡面的漂亮大房子，想著什麼時候自己能奮鬥出一戶來，就感覺特別振奮。有幾個賣別墅的朋友，每次看他們發文介紹上億的豪宅，雖然買不起，但看看還是很勵志的，別墅那麼大的院子，得種多少大白菜啊！

看著房價瘋漲，那些之前買了房子的人都舒了一口氣，沒買的又開始捶胸頓足。曾與好朋友老高聊起周圍一些朋友，他們早年買了好幾戶學區住宅，現在賺得爽死了，自己怎麼就沒這麼好的命？老高說：「不是因為他們命好，是因為他們有眼光，有膽子，有魄力。」

這話說得很對，我至今都後悔，當年買房子時沒什麼錢，只買了能力所及範圍內的房

子，沒跟親朋好友借錢。四年時間，我買的房子的市價已經翻了三倍，倘若當時我肯承擔風險借錢買大一點的，現在我也早就資產上千萬人民幣了。但當時不敢，因為不知道未來能賺多少錢，什麼時候能還清，自己單身一人無依無靠在北京，沒人能幫忙，誰知道未來會怎樣？說到底，還是對自己的不自信和惶恐不安。

一個朋友在青島買房，因為看上的房子裝修很好，因此貴了三十萬人民幣，姑娘很是惶恐，感覺太貴，心慌得不行，怕自己未來承擔不起。這讓我想起我第一次買房的時候，二十五歲，平時買衣服最多也就幾百塊錢人民幣，看房時也沒啥感覺，簽合約的時候發現買了一個上百萬人民幣的東西，上百萬現金見都沒見過，只是一份貸款，想想自己以後也是要還貸款的人了，內心特別惶恐，感覺社會像一個血盆大口，把自己吸了進去，自己就這樣變成了一個真正要在社會上打拚奮鬥還房貸的人。

很多人說這年頭房價高得賣血都買不起，不靠父母不可能。吐槽房價和房市的文章很多，看得讓人心臟疼，並且感覺內心特別灰暗，越來越絕望。可事實上，我並不喜歡這樣的文章，因為吐槽並不能改變事實，也不可能為你降價，只能讓你越來越沒動力從而越來越買不起。相反，每次我發表與房子相關的文章，總有很多粉絲分享說起自己一點點奮鬥來的房子和家，他們一點一滴靠自己的雙手奮鬥出來的第一間、第二間房子……真的，我特別感動。這個世界上不是只有最頂尖的人才有希望，我們每一個普通人，只要肯努力，都能得到自己想要的東西。

有一位女孩，買了五房三廳跑來跟我講述自己的奮鬥故事，現在她已經懷孕了，正在等待寶寶的降臨；還有一個女孩簽了買房合約，買下了在北京的第一間房子，激動得跑到豆瓣跟我分享，並發誓我們一起好好努力，爭取早日還完房貸，再買更大的！每次看到她們，我都會覺得，真正的勵志，並不是什麼療癒文章，也不是迎合大眾的吐槽，而是我們每個人透過一點一滴的努力而得到一切的生活。

有一部電視劇，裡面好像有這樣一段話，你買一間房子，其實買的不是房子，是你的野心，當你有了野心，你就會拚命地生出錢來。我表妹自從在北京買了房，三百萬人民幣房貸在身，以前週末都吃喝玩樂泡夜店，現在認真工作週末加班兼職賺錢，有時我跟她分享一些房產資訊，她看看跟我說：「姐，我要努力，以後我要買別墅！」

人最可怕的不是有錢，而是有野心，有了野心那就什麼都擋不住。

作為一個女生，我最大的愛好不是包包化妝品，而是房子。我沒錢買下所有我喜歡的房子，因此我一直以來的夢想，就是當一名房產仲介，帶別人去看房子。我曾去家門口的房產仲介應徵，他們問我為什麼想做這個，我說：「因為我覺得不管買賣還是出租求租的，每個人都在期盼一種新的生活，每個人都充滿著對未來的期盼，我喜歡那種朝氣蓬勃的眼神和感覺，更喜歡看他們一擲千金的樣子，感覺就好像我很有錢一樣。」

可很久不上班的我忘了一點，應徵不能說肺腑之言，結果，他們沒要我。

有人問過我：「星姐，為什麼要拿幾百萬人民幣去買房，租房有什麼不好？」

以前我也覺得租房多好啊，隨便租，再貴的房子也比買房花的少得多啊。後來我明白了，房子對於我們每個人，不僅僅是睡覺的地方，更是一個家，一個溫暖的寄託，一個安心的所在。不願再顛沛流離，不願再被房東開玩笑一樣的漲價所困擾。中國人對房子的眷戀，自古就很強大，買房置業安家是每一個人開始獨立穩定生活的象徵。我們買房子，其實買的不是一個空間，而是一份對美好幸福生活的期盼和希望。儘管會讓我們背上幾千幾百萬的房貸，儘管會讓我們在一段時間內過緊巴巴的生活，但一磚一瓦、一草一木裝飾起來的大的小的房子，是我們能在這個城市受傷之後蜷縮起來的角落。萬家燈火，每一個窗戶裡透出來的燈光，都是不同的人生故事，它們像一個個剪影，搭建起我們的整個人生。

看著朋友圈裡的人，一個個都在慢慢開始討論買房賣房，直播自己的裝修進程，晒搬進新家開入厝派對的照片……突然覺得，我們都長大了，我們都開始安家立業了，我們從插科打諢的少年，變成了正正經經的為自己的野心買單的人。

我的一個房東說過：「年輕人就應該有野心，敢為野心買單，這樣你才有向上的精神和動力。我已經五十歲了，到我這個年紀只想在家裡窩著，什麼都不想動了。如果你怕累怕辛苦怕麻煩，那你就開始老了。」

雖然並不是鼓動大家都去買房，但當時聽了這句話真的很受鼓舞。

看到了一個朋友寫的一段話，很有感觸：「也許溫情就是加班至深夜回家，有人在等候，再抱著反正已經很晚、再晚一會兒也沒關係的心態，說說工作，聊聊家中瑣事，約定一下明天誰送小孩……都是尋常人家，家國家國，先經營好我們的家。」

願我們每一個人，都在自己的城市裡，擁有一個能讓自己安心睡覺、放聲大哭的幸福的家。

讀遍了所有的勵志文章，你怎麼還是這麼「喪」？

喪，是大多數人每天的生活常態

週末朋友一起聊天，談到了當下的房子限購，這讓周圍的很多朋友糾結不已。明明已經存夠了頭期款，明明可以買一戶商住樓先住著改善生活條件，明明條件剛剛合適了……一夜之間什麼都買不了了——就像剛簽了合約又被不可抗力解約一般痛苦。天上地下，好幾個月緩不過來。再加上工作平穩沒什麼特殊成就，生活裡總有些不順心的事。喪，就成了生活中最大的情緒和狀態。

以前有個詞叫「小確幸」，特別紅，是指生活中微小的幸福；現在有個詞叫「小確喪」，也紅了，是指生活中難過失敗的小事情。雖然不是重大的人生失敗，但足以讓自己心力交瘁到失望和無力。

上班遲到了、客戶不聽自己說話、減肥永遠都失敗、買不起房、碌碌無為、升不了職、每天都好像在混吃等死……每個人都討厭雞湯，討厭勵志，但勵志類的書永遠在暢銷，為什麼呢？因為「喪」，是大多數人每天生活的常態，哪有那麼多的成功，讓每個人天天都神采奕奕？

每個人都「喪」，只是不讓你看見罷了

曾讀過一篇文章，叫作《喪逼[1]簡史》，其中有一段話這樣說的：「眾多研究機構均證明：使用社交媒體的時間越長，人們對於生活的滿意度越低，因為當看到他人光鮮的生活時（哪怕是精心修飾甚至偽裝的），大家難免會覺得自己是個Loser。因此，即便人類在物質方面擁有了極大的豐富，但隨之而來的竟然是一種揮之不去且愈顯強烈的『一無所有』的感覺，以及對這種感覺的恐懼。」

以前有一篇文章叫作〈不要打擾別人的幸福〉，講的是不要用自己對幸福的定義，去定義別人的幸福。比如你自己開BMW，但別說別人騎自行車就是人生的失敗。但網際網路，讓這一切都反過來了，沒人打擾你，是你自己賤，非要看著別人對比自己。

在中國，以前有QQ空間和微博，現在有微信公眾號和朋友圈。大多數人，不會把自己的不幸福暴露在空氣裡讓你恥笑，每個人都會擺拍，拍出自己的大長腿讓你羡慕，拍出滿漢全席讓你流口水。你看，別人的生活過得那麼五光十色，而自己卻每天一醒來一身汗，蓬頭

---

1 編註：喪逼是中國的網路流行詞彙，指失去目標和希望，陷入頹廢、傷感，整天處於低氣壓中的人。

垢面的。比起自己的以前，好像是有進步了，但跟別人一比，自己的努力簡直就是毫無價值的一坨屎。

有人曾在微博上問我：「星姐，為什麼看見妳的生活每天都那麼光鮮，妳就沒有我們大多數人的混亂和失敗嗎？」

怎麼沒有呢？我比你們「喪」多了，比如說：帶兒子上游泳課遲到；健身課好久沒去被教練說；稿子永遠寫不完；好不容易想了一個創意被客戶滅了；還沒瘦下來；夏天到了，這麼熱了冷氣怎麼還不來……

這些都是日常的「小確喪」罷了，但也足夠讓人每天都心煩，大事能讓人幾年都「喪」得胸悶。

以前跟朋友聊天，「喪」的都是變態老闆和單身狗的孤單，現在跟朋友聊天，「喪」的都是家庭與孩子，不知道選什麼學校；人到中年有老有小；房子想換大的但錢不夠；事業止步不前但絲毫不敢懈怠；錢需要得越來越多，拚命賺也賺不夠……

每個人都「喪」，只是不讓你看見罷了。

可你連「喪」都沒別人「喪」得高級

每個人都很「喪」，負能量占據整個內心，可到底哪裡來的那麼多負能量呢？《喪逼簡史》中有這樣一段話：「社會金字塔的分布定律，當然不會因為平權而發生改變。只有極少數最優秀的幸運兒才有機會脫穎而出，實現他們的夢想；而大多數的人，隨著時間消逝卻並不能改變自己的身分，他們會轉而變得意志消沉，內心極度痛楚，並輕賤自己，甚而憎惡周邊混得比自己好的人。」

其實所謂的「喪」，不過是進入社會開始獨立生活後，遇到了各種摩擦和小麻煩……這些問題以前也都存在，只不過父母都幫我們解決了，因此等到自己開始獨立面對的時候，就覺得生活為何一個「怪獸」接著一個「怪獸」，自己的命怎麼這麼苦。

其實每個人的命都很苦，因為大家都面對一樣的社會和世界。只是有些人願意做出極大的努力去改變，讓自己的成績突出一點，在那些奮鬥中的日子，誰都不比你輕鬆。我們大多數人都輕賤了成功的祕密和法則。看到周圍的人紛紛成功，我們只看到表面，看不到背後的付出。因此，對於自己的失敗，從來不歸咎於付出努力太少，而僅僅歸咎於自己沒有別人的好爸爸。

我們的成長本身就很奇怪：二十歲之前都是家裡的好寶寶，二十二歲畢業就要求獨立自主，三十歲要求承擔起家庭的責任，三十五歲開始面對上有老下有小……一切都變得太快，自己的成長沒跟上，就眼看著出來一大家子人等著你照顧。可反過來想，一個人到了二十歲還不能學會如何生活、對社會抱有不切實際的幻想，這到底是誰的過錯呢？

說到底還是自己——從小家裡慣著自己，長大之後自己慣著自己。

有個朋友跟我說：「我一直傻傻地上班工作賺錢，根本沒想過什麼買車買房，也沒想過找男女朋友成立家庭什麼的，我周圍的人都是這麼過的，為什麼就我好像遇到了很多困難，眼看就三十歲了，還好像什麼都不懂？」

其實，只有你一直把自己當個寶寶，別人都不是這麼過的，只是你覺得別人跟你一樣，實際上每個人都心裡有數地跑在你前面。等有一天你反應過來的時候，才發現你連「喪」都沒別人「喪」得高級。

年入幾百萬人民幣登上富比士精英榜，她是怎麼做到的？

不久前我的朋友小令登上了富比士亞洲「30 Under 30」精英榜，作為一個二十九歲擦邊的偉大女青年，這一殊榮讓我嫉妒不已。跟她認識的七八年，我們都在網上神聊，因為一見面她就會引起我火爆的嫉妒心。

她不僅美，身材好，而且不到三十歲就創業三次，年入幾百萬人民幣，今年更是登上了富比士亞洲「30 Under 30」精英榜。但嫉妒恨歸嫉妒恨，我眼看著她的第三次創業，從自己刷牆開始，到後來拿到各種投資，最後成為業界女神，她像我們身邊的一個神話一樣，過著我們想都不敢想的生活。

曾看過一本書，主要內容是講，目前人類的平均壽命是六十歲，未來會到一百歲，這其中會多出來四十年的時間。別覺得多了四十多年的時間特別高興，先想想這四十年的時間黑洞，你的頭腦、身體、金錢都準備好了嗎？這本書中提到一句話：「在未來多段式人生裡，沒有任何行業會是鐵飯碗，許多職業都將消亡；超級大城市的優勢越來越大，地區和城市間的發展不平衡問題愈加突出；那些不願接受新事物、害怕改變的人，將會被新時代徹底拋棄。」

我突然間明白，小令跟我最大的區別，就是早已洞悉了這個黑洞，並且讓現在的自己就過上了這樣的生活。每天馬不停蹄地主動找機會找市場，接受新事物比九五後還快，喜歡挑戰各種變化和冒險，並且身體力行地往我們不敢想的地方不斷地衝。

而普通的我們，還總是守著一份不好不壞的工作坐以待斃，等待著社會變化帶給我們的各種變化和重創，夢想著有一天暴富，結果等來的多半是更加入不敷出的生活。

回顧與小令認識的這麼多年，我總結出小令成功的三個要點。也是這三點，讓她把我們牢牢甩在兩百條街以外。

1. 高度的危機感和緊迫感

以前我以為，一個人是否成功，來自是不是夠努力。後來我觀察了很多特別優秀的人發現，人內心深處的懶惰，不堅持，沒毅力，明知道什麼都不做就什麼都得不到，可依然不去做，這些來自內心深處的骨子裡的東西，如果不改變，就什麼都改變不了，看多少勵志書，上多少技能課都沒用。

俗話說，經濟基礎決定上層建築，其實在人生當中也一樣適用。我們以為那些成功人士可以一勞永逸了，但那些真正的成功人士都是越優秀越有錢就越努力越專注。反而是什麼都不行的人懶得抽筋，一點行動力都沒有，成天只想著吃喝玩樂。所以人生越走到後來越發現，有錢的越來越有錢，彷彿開了掛，沒錢的越來越無法翻身。

事實上，大多數的做不好，不是「不能」「不會」，只是懶，貪圖安逸罷了。所以那些所謂的成功人士，只是不讓自己安逸，換句話說，就是一安逸就渾身不舒服，危機感極強。這樣的人，總是拚了命地往前跑，越跑越快。後面的人越來越追不上，最後自暴自棄，更加懶得動。人生就這樣拉開距離了。

2. 不斷自我革新，終身學習，視野決定你的人生層級

看一個人有沒有成功的潛力，就看他對新事物的態度，是完全嗤之以鼻地固守原地，還是敞開胸懷接納嘗試？

成功人士與我們最大的區別就是，在面臨新事物的時候，有足夠寬廣的內心去接受，傾聽不同的聲音，哪怕是來自晚輩的不成熟的小想法。他們會不斷地自我否定，放棄已擁有的東西——包括經驗、學歷、知識、觀念……不斷顛覆自己的固有認知。因此雖然他們的年紀在不斷增大，但內心一直緊跟時代步伐，年輕有活力，永遠跟年輕一代保持同步。

相反，作為普通人的我們最大的特點，就是一言不合就開罵，看到與自己觀點不同的，就是別人不好不對，老死不相往來。最終的結果就是固守在自己的小圈圈裡故步自封，慢慢被社會和時代徹底拋棄。這個世界從來都是一部分人在改變世界，一部分人一覺醒來發現世

界都變了。

3. 掌握高效的學習方法和能力，讓每一分鐘都有價值

小令是北大碩士，英語猛學一年，GMAT拿到超高分，得到了哈佛和耶魯的Offer。她曾經很窮，在學校裡為了省錢每天吃五毛錢的菜。她拚命地學習，其實早在第一次創業的時候已經日入十萬人民幣。但因為覺得不夠挑戰，又開始了第二次第三次創業。

周圍很多朋友覺得小令簡直長了一顆金不換的大腦，學什麼都一次就會，看到什麼都能記住，腦子滴溜溜地轉，一天二十四小時能做好多事情。而我們大部分人學好幾遍都理解不了，看本書這頁剛翻過去就忘光光，上一天班忙忙碌碌下班沒多久就睡覺了。同樣是人生，差距怎麼就那麼大呢？

其實並不是她多聰明，只是她掌握了更高效的學習方法，並且能合理地利用好自己所有的時間。比如她多年來堅持每天讀一至兩本書。她是怎麼做到的呢？她一直在創業，平時特別忙，因此在開車的時候，把廣播換成了聽書。如果不是一定要自己開車，就搭車一段路，為的是解放自己的雙手和注意力，路上依然要讀書看雜誌。她最經常做的事，就是買來一大堆書，扔在床上，就算半夜下班兩點睡覺，也要先看上一段。

腦子是個好東西，越用越靈，越不用越生銹。

孩子的培訓班老師說了一句話，給了我當頭一棒！

之前，我帶兒子去一個英語培訓班報名。我一直覺得三歲的孩子上什麼班都是玩，就是個集體活動，主要鍛鍊社交能力，至於學成什麼樣子，我都沒有要求。

因為課程安排在週日，我有點擔心平時週末會安排全家出遊，耽誤課程或者不能出去玩。學費也比較貴，一年兩萬元人民幣，不知道錯過了課能不能補，於是我問老師：「如果週日有事來不了怎麼辦，比如要旅遊什麼的？」

老師說：「既然報名上課了，就要堅持，如果家長不能按時送孩子來上課，總有這事那事，孩子就會認為學習是可有可無的事情。孩子對學習的態度，就是家長對學習的態度。」

我一聽就震驚了！我從來沒想到過這個問題，不光有道理，簡直是當頭一棒！

我的孩子從出生四個月起就開始去各種興趣班，雖然買的課程有一百多節課，但實際用起來，總是稀稀拉拉的。我一直覺得，孩子還小，想去就去，不想去就不去，天氣不好、空氣不好、出去旅遊、沒睡醒，都可以是不去上課的理由。至於學習效果，也是各種一般般，我當然也沒在意。

老師的話之所以給我當頭一棒，不僅僅讓我突然意識到，家長應該幫助孩子認識到堅持對於學習這件事的意義，更重要的是這句話戳中了千千萬萬已經成年，卻在平庸中掙扎的自己。

＊＊＊

從來沒有一個時代，讓我們如此明顯地感受到，自己的學習能力和堅持學習的能力如此之差。

以前我們覺得，下班了還能看一小時書，就已經很了不起了；堅持早起一禮拜，還能背兩個單字，自己就得寫文章發網路上分享心得了。

但是在知識付費的年代，手機裡買了一堆課程，想上一堆講座，費勁獲取了一大堆學習資料，真正到行動的時候，一丁點都行動不起來。

而與此同時，周圍的同齡人以超快的速度成長起來，有人突然一夜成名，有人突然一夜暴富，這讓人難以置信，又難以接受。

99％的人，對錢感興趣，但對努力和堅持的過程從沒有興趣。大部分的人稍微努力點，就開始擔心自己會過勞死，但熬夜追劇的時候，從來不擔心這件事。

就像培訓班老師說的那樣，大部分的成年人，都無法堅持做一件事情，包括學習。我們成年人離開學校之後，對待學習的態度，從來就是可有可無。別說堅持什麼，連基本的自律都沒有了。只有到錯過了好機會的時候，才會後悔自己為什麼不早點學，為什麼什麼都不會。

每次我發教育類的文章，總會提到很多培訓班，很多人留言反映，根本不贊成報那麼多班，自由快樂地成長不好嗎？

只有真正被現實教訓過才知道，當你學得多懂得多，你的未來才會有更多選擇和讓你生活自由的機會，否則就像今天的自己一樣，面對全世界的機會，卻根本不敢辭職，因為除了手頭那點做得不怎麼好但還能湊合混口飯吃的工作，自己啥都不會。

＊＊＊

被培訓班老師當頭棒喝之後到現在，無論每週日有什麼樣的困難——不管是颳風下雨還是起床困難，我都堅持送孩子去上課。即使外出旅行也一定要在週六回北京，不能耽誤上課。

我看著孩子從最初哭哭啼啼不想進教室要媽媽陪著，到現在愉快地跟我說：「媽媽，妳去外面等我好嗎？」也看著孩子從內向地不參與任何課堂活動，到在課堂上極度亢奮，回家還要每天看英文繪本學英文，內心萬分感慨。

我堅持帶兩個孩子每天上游泳課，雷打不動，大雨打著傘也要去，兩個孩子的游泳技能飛速進步，讓老師也很驚嘆。

有一天一個媽媽問我：「妳的兩個孩子游得真好啊！游了一年了吧？」我說：「其實也沒多久，辦卡辦了一年了，但真的密集游還是這三個月，我們每天來。一歲半的妹妹來得更多些，也游得更好，下週就要去比賽了。」

他們學了幾個單字，會了幾個泳姿，其實不重要，重要的是，對學習這件事，我和他們一起，認真地堅持。

我在朋友圈裡看到一段話，感同身受的同時，甚至有些感動——

「我們逼迫孩子學習，最根本的目的，其實還不在於好成績，而是培養孩子的耐力、意志力、原則意識和對事情保持專注的能力。這些遠比成績本身更重要，也更能影響孩子的一生。」

而這，也是我們已經高度缺失的能力，是阻礙我們無法財務自由的最大軟肋。我們對自己放縱和原諒，而每一次的無所謂，都是我們耐力、意志力、原則意識和專注力的進一步喪失，最終換來一個越來越平庸的人生。

看看周圍的成功人士，難道我們真的不知道，自己是怎麼一步步落後，慢慢不如人的嗎？想想那麼多人用各種自己都沒想過的方式賺大錢，自己為什麼就不行呢？

還是知乎那個熱門話題，給了我們答案：大部分生活的苦，都是因為自己吃不了學習的苦。

普通人都能做到的九則賺錢祕笈，就藏在你身邊

日常中有很多人問我：「星姐，現在講究知識變現，可我就是個普通的上班族，不像那些能講課的人那麼有才華，現在現學現賣也來不及了，有沒有一些普通人日常也能做到的賺錢祕笈？」

作為普通人的我，也想知道祕笈，因此走訪了身邊一些我認為有錢的同事或朋友，結合自己的一點點經驗，為大家做這個分享。我認為這些祕笈裡更多的是一種心態，而不僅僅是技術。我做這個分享，是希望我們每個人都能越來越有錢。

1. 危機感強，隨時都有 Backup

作為一個危機感很強的人，我總覺得我隨時都會失業，會沒錢，會還不起房貸養不起孩子。家境一般，父母幫不上忙，所以從來不想著靠別人。雖然老公很優秀，但我對自己的要求是忽略老公的收入，自己的收入要能夠養得起家。這是我對自己的要求。

因此無論什麼時候，我都給自己找一個Backup，同一時間一定要有兩個（或以上）的賺錢管道，這樣可以保證在一個管道沒有收入的時候，還有另一個管道支撐。比如上班有薪水的時候，堅持寫文章來賺點小錢。現在寫文章能賺錢，但也會找其他領域賺錢。雖然作為Backup的一方賺錢很少，但這是讓自己內心平和的重要方式。

2. 別跟錢有仇，不要輕易辭職

賺錢多了就一定要辭職嗎？不！上班是一個可擁有持續性收入的事，自由職業者是靠天吃飯的，不要拒絕任何一個可能給你增加收入的機會，別跟錢有仇。除非能讓你辭職的這件事，你已做到足夠穩定和優秀，能夠讓你當作事業來打拚。否則，當你辭職的時候，你就會感到巨大的不可控的壓力。

3. 不要放過任何一個能增進自我能力的機會

培訓、講座、分享……只要自己有時間和精力，就盡可能地去參加。回來複習做筆記，看看哪些能為自己所吸收、應用。知識永遠是第一生產力，走得越遠越感到自己的渺小和無知，多學點沒壞處，誰知道哪塊雲彩會下雨呢？

4.賺足你該賺的錢，放過不是你的錢

如果你在某個領域有特長，或對工作的某個領域有興趣，就把這份熱愛努力地發展下去，但要明白任何的熱愛都會遇到困難，沒有高高興興讓你賺翻天的事情。克服困難是你精進自己、不斷增強能力的過程，也是你離很多很多錢更近的路。

看到別人賺到錢自己眼紅也想做，但通常你不會在此領域賺太多錢。你並不是因為熱愛和興趣，只是懷著急功近利的心去靠近，沒法付出全力。這不是你的錢，放過它吧。集中精力和時間，去賺足你該賺的錢。

5.確定一個核心競爭力，並將其發展壯大

我之前有一個同事王渣渣，當時我們一起做客戶專案，經常一起加班開會。後來她發現自己特別喜歡看專案背後的資料，她也是理工科出身，於是就開始自學大數據。看了很多書，拜訪了很多人，遇到很多困難天天下班不回家在辦公室裡研究。現在她成了著名國際公關公司的大數據總監（也是星姐以前的公司），她把自己的愛好發展成了核心競爭力，當下她不僅出了書，還是在行的頂級行家。每天上班忙得滴溜溜轉，下班忙著各種分享和講課，未來不可估量。

6.記帳，做大數據分類比較

我說的記帳，是記收入，花銷記不記隨意。記錄自己各種管道賺的錢，一個月做成大數據總結一下，看看哪些管道有更大的潛力，哪些地方不要再花時間和精力。每個月記錄下來分析一下，到年底也好知道一年裡自己賺了多少錢，好給下一年做一個規劃。

7.放眼未來，別老自我欣賞銀行戶頭餘額

別賺一點錢就盯著銀行戶頭開心又焦慮，想賺錢就不要老對過去的成果沾沾自喜，多往前看，看更大的世界和更多的錢。

8.專注，別著急斜槓

現在斜槓概念很紅，什麼都做，簡歷好強啊！可其實這麼多工作和身分，哪個能讓你賺大錢了？人的精力是有限的，一個都做不好，你還能做幾個？

千萬別說上班不是你喜歡的工作，當你把自己的愛好當成工作時，一樣困難重重，那時你會發現，愛好也消失了，工作也沒了，會絕望得要命。

先把一件事做好、做透，再去斜槓，不然等待你的只有大跟斗。

9. 合理節制的消費觀

別暴富了就一個勁買買買，雖然人生要及時行樂，不需過度節儉，但也不要鋪張浪費，凡事適可而止。等你的人生有了重要事情的時候，比如買房買車父母生病孩子上學等需要大宗開銷的時候，你要手裡拿得出錢。大家都是成年人了，要對自己的生活有計畫，有打算。

這些很難嗎？不難，但需要沉澱和積累。想實現自己的夢想，你就需要讓自己內在的實力慢慢地變好、變強，不過，別著急，一點一點來。當然，可能你會覺得我說的都是廢話——「有沒有更快速能賺到錢的方法？我要暴富。」暴富的機會當然有，買彩券。

別人像開了外掛一樣什麼都好，你像中了邪一樣，怎麼努力都白瞎

剛畢業的時候大家都一樣，甚至可能起薪還沒你高，結果走著走著，就岔開了道路。剛開始大家都一個起跑線，每天屁滾尿流地被老闆罵得跟豬頭一樣，但不知道突然從哪一天開始，別人做什麼都特別順利，結婚生子財運滾滾來。我們通常覺得這樣的人一定是走了狗屎運，等有一天沒好運的時候就不行了。只可惜，人家這個狗屎運一直都存在，只是你一直沒等來這個大運。

觀察了一下我周圍那些有錢有事業的成功人士，越優秀越有錢，越努力越專注。就跟小時候學習一樣，一旦上道了，就步步為贏。最終前面的人像開了外掛一樣做什麼都好，後面的人像中了邪一樣怎麼努力都費勁，圈子和成績慢慢就拉開了巨大的距離。我總結了一下開了外掛的人的共同點，分享給你。

持續深造＋抓住風口

如果說以前的社會是努力就能成功的話，那現在不是了。如今的成功，大多數是在很長一段時間的蟄伏，再加上遇到風口和平台，才能讓你成功。在這方面，我特別落後，反應也慢。很多年前，微博正興盛的時候，我在廣告公司負責投放。那時候文章很多，但文章寫手還沒被人發現。我看了一篇關於文章寫手的文章，為了與他們合作，我一個一個地找微信去問機會。有的文章寫手直接拒絕了我，有的乾脆不理我，但有一個人，不僅跟我聊了很久，還答應幫我聯繫其他人。我這個案子結束以後不久，這個人成立了自己的寫手經紀公司。再過幾個月，文章寫手大熱的時候，這個人已經是寫手行銷團隊裡響噹噹的人物，不僅工作自由，還賺得盆滿缽滿。

後來我問他：「咱倆當年認識的時候，你還在上班吧？」

他說：「對啊，妳找完我之後，我覺得我就是寫手，也認識人，這對我就是個機會，我立刻辭職開了公司，把所有寫手都聯合起來一起做事。」

後來他說了句讓我哭了好幾年的話，他說：「當年是妳啟發了我，其實最開始妳也可以辭職做的。」

優秀的人結夥成長

我是個習慣了單打獨鬥的人，這麼多年都是一個人做事，一個人寫文章，生性獨立，不愛與人瞎勾搭多說話。去年朋友拉我進了一個閒聊群，我天天煩得要命，因為在我看來，他們每天都在閒聊天，有一搭沒一搭的，看得我頭暈。

一個月後，我一句話沒說地退出來了，之後再看那個群裡的人，每次一個人有好事，大家都一起發朋友圈支持。雖然免不了覺得這不就是互相捧場嗎？但突然意識到，成年人的世界不就是互相利用、互相幫助，才能走得遠走得長嗎？

自己一直一個人單打獨鬥，平時也很少出手幫助別人，缺的就是這種幫助別人也被別人幫助的氛圍。現在的我，開始慢慢學著給幫助自己的人一個大大的感謝，發個大大的紅包回應，說句真心的祝福，能幫助別人的時候絕不後退。

我明顯地發現，自己的社交能力和後援團增加了，更意外的是，我跟很多人建立了比以前更加堅固的友情，自己有事大家一起幫忙，別人有需求也盡心盡力。不去計較得失，結夥一起往前走，是三十歲這個節骨眼上學到的最重要一課。

環境造就人

有次與朋友一起聊天，談起我現在的狀態，大家都很羨慕我。我跟大家說：「其實我也很羨慕你們啊，有個公司可以一起去上班，一起聊天什麼的。我雖然自由，但還是很懷念以前上班的同事們。」

我懷念的不是天天朝九晚五，而是周圍同事所營造的環境。工作八年，在不同公司就職過，周圍的同事都是我的榜樣。他們有的來自哈佛耶魯劍橋牛津，有的是業內專家，有的膚白貌美大長腿，有的是富二代，可他們比我還努力。在這樣一群人中間，我每天都清清楚楚地看到自己的不足，和自己能夠進步的空間。

很多人覺得我很勵志，很拚命，其實是因為，我周圍環境裡的人，都比我優秀比我拚，隨便翻翻朋友圈，都一個比一個起得早，事業做得大。我特別喜歡在這樣的環境裡待著，幹勁十足。

行動力分高下

前段時間開了寫作課，這課一直拖拖拉拉說了半年，我都在拖時間，總覺得自己還沒準備好，其實就是拖延症而已。

有一天，合作方的老闆給我打了個電話，問我想得怎麼樣了，我剛答應說可以開了，他的整個團隊就都到位了。兩天出提綱，一天出試聽課稿子，一天錄音，第一節課就這麼立刻做起來了。

中途因為時間太快，我有點不適應。我問對方，你們公司做啥都這麼快嗎？

對方說：「我們老闆是個想到就立刻做的人，行動力超強，我們公司也這樣，不然我們老闆怎麼當得上億萬富翁？」

仔細想想，特別受鼓舞。現在課程真的做起來了，做到第六節課，越做越好，錄音越來越上道，內容也越來越有料。每天都看到無數學員在社群裡秀自己的各種進步，比如文章上首頁了；思維更豐富了；找到了十足的好內容受益匪淺——我看在眼裡，就覺得很驕傲。雖然我不是億萬富翁，但在億萬富翁的感召下，變成了一個行動力超強的人，是非常棒的經歷！

這可能就是真正的人生，很殘酷，但很現實，一句話、一個人、一件事就影響著我們的每一天，而你怎麼過一天，就怎麼過一生。

一個開了外掛，一個中了邪，人生的方向，都在自己手上。

二十多歲就開始中年危機了？你可能還不知道自己有多危險

二〇一七年有段時間討論三十五歲中年危機的話題特別熱，仔細想了想，一九九〇年出生的也都二十七歲了，都是中年人了。「中年危機」，真的要來了。

我三十一歲，周圍的人三十至四十歲不等，大家見面聊得最多的話題，就是房子、孩子、保險、股票、外匯、財務管理和投資。年齡精力體力，都不再是優勢項目，體內的熱血也消失了一半，但人生壓力比年輕時翻了五六倍。

我一直覺得一人吃飽全家不餓是最豁得出去的年紀，一旦步入中年，就像戴上了一個緊箍咒，上下不能。周圍聽到的和看到的故事，也讓自己感到驚慌和害怕。

小鮮肉鋪天蓋地湧上來，自己人老心也老了

某公司清退三十四歲以上員工的故事還沒過去，朋友大L就迎來了自己的危機時代。先是公司以實體不好做、經濟危機為理由，暫停了他的升職加薪計畫，接著招了一批熱血滿

滿、每天待在公司不回家的小鮮肉，與之並肩作戰。大L與小鮮肉們融不到一起，又覺得自己應該是老前輩，可開會的時候，他驚覺自己再也想不出好的點子，倒是小鮮肉們的新主意一個又一個，雖然都挺不牢靠的，但貴在推陳出新啊！

有個男性朋友讓我幫忙發個一九九三年的，自己開兩家公司，年入三百萬人民幣以上，熱愛生活，愛好廣泛，勤於健身，遊歷四方。朋友圈好多大叔表示怎麼可能這麼年輕就三百萬年收入？不可能！可遺憾的是，這是真的。

作為包括我在內的老人，都覺得這個時代應該是以加薪的方式往前運作，但殊不知，小鮮肉們已經以各種姿態撲向了這個社會，並用各種我們覺得不專業不正規，但卻是市場空白的方式，賺得盆滿缽滿。

我們不僅人老了，心也老了，明知道有很多地方能賺錢，但都嗤之以鼻地嫌麻煩。而嫌麻煩，就是衰老的開始。

上有老下有小的時候，賺錢趕不上燒錢的速度

王總是我的好朋友，房價大漲的時候天天唉聲嘆氣。現在孩子上小學了，各種教育都要錢，父母年紀大了想要在一起住，雖然兩口子都賺得不少，但三代同堂還是要換個大房子。

王總跟我說，三十歲出頭的那些年賺了不少錢，也想過先把房子換了，那時候也不貴，但想到買了房子會影響生活質量，最終還是把錢花在了吃吃喝喝玩玩樂樂上。那時帶著老婆

孩子週末吃早午餐，放假全世界玩，各種重大開銷花錢如流水，爽在當下嘛！

可如今，房子限購，手頭又缺錢，也不敢有大筆消費，畢竟孩子、老人都處在一個要錢的年齡段。即使工作沒有任何閃失還能步步高升，也趕不及房價的上漲速度，真可能一輩子都買不起大一點的房子。他心有不甘，可現實又很絕情——想不到曾經以為什麼都不缺的自己，終有一天高不成低不就，卡在了人群最中央。

年輕的時候一說存錢，就好像毀了自己所有的生活品質，看別人勤儉持家就覺得對方想不開。等到中年時才發現，什麼生活質量，都比不上生活不慌張。年輕時的裝模作樣，都是現今不甘心的前兆。上有老下有小的時候，賺錢遠遠趕不上燒錢的速度。

三十多歲做了全職媽媽，不缺錢但不知道未來路在何方

自從辭職後，我混進了全職媽媽圈。圈子裡的媽媽們家裡都挺有錢，阿姨保姆一大堆，不存在生活不下去的問題。起初我們在一起還能討論做烘焙、插花、旅遊之類的事情，但時間久了不能天天做麵包吧，未來怎麼辦才是最大的問題。

生孩子之前都是大公司光鮮亮麗的白領，也曾挑燈加班成為中流砥柱，在家只要半年，就能跟外界失去聯繫，看著以前同事們的朋友圈，自己再也插不上話，只能在媽媽群裡每天聊早期教育、幼稚園之類的話題。

提到錢的問題，估計每個人都會說缺錢，但相對於缺錢，不知道未來路在何方才是最重

要的。年輕人一波波地湧上來，便宜好使精力旺，相對於自己這種動不動就孩子病了幼稚園家長會要請假、精力不旺盛下班就想趕緊回家的人來講，自己要是老闆也知道該做出怎樣的選擇。

我一個讀者跟我說，年輕的時候吃喝玩樂，老公做生意不缺錢，但現在人到中年，老人孩子都要錢，老公生意出了問題，自己一點忙都幫不上，真的是欲哭無淚，想使勁兒都找不到地方。

電視劇電影裡到處都是中年危機的影子，本以為過了三十歲才需要考慮中年的事。可日新月異的變化告訴我們，二十五歲開始考慮你的中年，四十五歲開始考慮你的晚年，才可能那一天到來的時候心裡不慌張。

人的欲望是無限的，今天不想要的，不敢保證人到中年那一天沒有需求。人的痛苦都是欲望撐的，但欲望並不是自己可以控制得了的，而是隨著大環境的改變和影響而滋生出來的。

以前我特別看不上做五年規劃這種事，覺得未來不可控，我連明天會發生什麼都不知道，怎麼會知道五年之後要做什麼？現在想來，還是自己年輕幼稚，真正的五年計畫，不是讓你現在知道五年後的此刻是吃飯還是睡覺，而是對自己未來的五年做一個規劃，比如想成為怎樣的人，是否要組建家庭，財務如何積累和分配，要安排父母過上怎樣的生活……要給自己的人生做一些大的時間節點的計畫，即使一人吃飽全家不餓的單身，也要對自己的未來有所規劃。別站在年齡的節點上開始哭，覺得自己年齡挺大了可心裡還是個寶寶。

有個朋友跟我說：人生如果能遇到一兩次撞大運的事情，那就是天大的幸運。其實所謂的撞大運，都是提前規劃、提前安排、提前努力換來的，沒有一覺醒來砸個金磚在你頭上的事。年紀越大越相信「計畫」和「目標」的力量，大概是人心老了事情多了生活複雜了，就更加依賴計畫才能過好每一天。

如果你還沒到三十歲，恭喜你，趕緊著手提前準備起來吧，從工作到家庭，從賺錢到家庭備用金。別等三十歲到來的時候，你哭著對我說，你還是個寶寶，生活為什麼對你這麼不好。

一打折就瘋狂買書，上次買的你都讀完了嗎？

前幾天網路上又開始瘋狂打折賣書，滿兩百人民幣減一百元，滿三百減兩百元……從大清早開始，群裡就叫囂著趕緊去買書。平時二十多塊錢的書，半價下來只要十來塊錢，哪有不買的道理？

這時候我看到朋友鼴鼠在朋友圈裡問了一句：「大家上次打折買的書，都看完了嗎？」看到這句話，我瞬間一驚。

最近幾年讀書相關的事兒特別火，從賣書大促銷，到各種讀書會，拆書幫，只要沾上「讀書」二字，人們都趨之若鶩，唯恐自己落下了，但到底是「讀書」熱，還是「讀書形式」熱呢？

如今是知識變現的年代，人們都知道知識太值錢了，再加上人心浮躁，每個人都想用讀書讓自己靜下心來。結果，讀書就像健身一樣，喊的人多，擺樣子拍照的人多，但真正讀進去的，太少了。

＊＊＊

讀書，並不是一件輕鬆的事，除非讀八卦小說。

讀書時，普通的內容，讀下來很輕鬆，高難度一些的內容，反覆讀都不一定明白。但現代人讀書，著急得很，別人一天一本，自己三個月一本還沒讀懂，怎麼辦？

讀書還有個特點——一旦讀起來，就能體會到讀書的樂趣，充實，飽滿，舒服，內心安寧。但一旦放下兩天不讀，就可能兩個月都不再拿得起書來。

這麼一來二去，讀書這件事，並不簡單，也無法沉下心來。最重要的是，讀書到底在你心目中是一種什麼行為，是為了自己的進步，還是為了告訴別人自己很懂精神追求？

去過不同的地區和國家，比較各種物價，如果論便宜，書在中國的售價拔得頭籌。國外一本書打折完，沒上百就算便宜了，作家出一本暢銷書夠活一輩子，但在我們這裡，一本書二十元人民幣都要思量思量，讀起來更是挑剔得很。可一杯咖啡四十元人民幣，大家都可以天天買兩杯，能用一個禮拜把自己喝成咖啡店金卡會員。

＊＊＊

是書不值錢嗎？

不，是知識在我們腦子裡不值錢，是人力不值錢，智慧不值錢，可這種不值錢，到了自己用的時候，才會開始後悔。

現在的我們，很愛學套路，以為掌握了套路，就變成了有文化的人，會這會那，立刻就能暴富。其實，真正開課講套路的人，他們的成功之道並不是套路，而是靠深厚的積澱。他們在積澱中總結出了所謂的套路，是因為知識積澱在心底，所以那些知識化身為他們的一部分了。但光學套路的你，一點兒積澱都沒有，想成功就屬於想多了。

新東方創始人俞敏洪在大學裡，因為家境貧寒，每個月把飯錢省下來去讀書，但因為從小在農村長大，不知道看什麼書好，於是同宿舍的王強買什麼，他就跟著買什麼，在大學期間讀了八百多本書。但現在的我們，上完大學讀了有八十本書嗎？

我記得我上大學的時候，學校圖書館沒建起來，只有一個很小的圖書室。那時候很多人抱怨，學校的配置太不好了，我也這麼覺得。別人的大學圖書館，是一棟樓，而我們的是一間房。後來等我們也有了一棟樓的圖書館時，我才明白，一棟樓有什麼用呢？大學四年能讀完一個書架的人都已經算好的了。

＊＊＊

眼大肚子小，看什麼都想要，但真的給你放家裡，根本就懶得看。

有多少時間休息，就有多少時間滑手機。

不說別人，我自己也是這樣，我家有八面牆的通頂書櫃，擺得滿滿的，地上還有很多放不進去的書。我想著每隔一段時間，就把看完的書都送人，但從住進這個房子起，送人的書不是因為看完了，而大多是因為放在家裡我看著心煩，覺得自己一輩子都不會讀吧，眼不見心不煩，趕緊送人。

每年年中年底都會有各種書單和榜單，每次去書店也記下來一堆覺得自己想看的書的名字，等回到家就忘得乾乾淨淨。

現在有很多讀書打卡群，讀書會，拆書幫，一個比一個火爆，收費再貴也有大把人參加，是讀書這件事很難嗎？並不是，而是大家都知道自己太懶，用這樣的形式來督促自己，希望自己能在一種讀書的團體氣氛裡勤快一點，或者自己沒時間讀書，那麼就至少看看別人總結出來的梗概好了。

結果，形式越來越多，書依然讀得越來越少。

＊＊＊

前幾個月，我開始強迫自己讀書，因為每天寫作，輸入非常重要。我讀的書很雜，看什麼有興趣讀什麼，天文地理文學親子都會看，從沒有特定讀什麼，但讀得越多越覺得自己很無知，越覺得自己起步太晚，可能這就是所謂的「知識焦慮」吧。

在我淺薄的讀書心得裡，我總結了幾點能讓我們讀書更有效的方法，這裡簡單地分享一下。

①一些與自己的現有領域完全不相關的書籍，比如天文地理，可能你根本讀不懂，但離自己越遠的東西，才是真的能讓你學到新東西。

②不要給自己太多的壓力，每天看十五分鐘或睡前看半小時就可以了，不需要每天一定要看夠兩小時，目標太高，一個禮拜不到就堅持不住了。

③不要貪圖書籍的便宜而錯過了自己的興趣最高點，最好在自己最有興趣的時候就買書，而不要貪圖書籍促銷而一直等時間，很可能促銷書便宜了幾塊錢，但興趣勁頭過去了，也就看不進去了。

④重內容而非形式，如果自制力很差，可以適當參加一些讀書會，但不要把精力都放在所謂的社交、打卡上面，讀書與思考比形式更重要。

現在圖書打折每月都有，下一次大促銷準備出手的時候，回頭看看上次買的，扔在角落裡的書都開封沒有。別以為把書買回來就有精神追求了，讀起來，哪怕一個月讀一本。

內心的進步和充實，只有自己體會得到，我們一起加油！

你的壞情緒，正在殺死你

前段時間，電商部門的售後客服氣得午飯都吃不下，她跟我講了上午發生的一件事。有個客人買了一個產品，因為是同城快遞，所以原則上第二天應該能到。遺憾的是，第二天客人等到中午還沒收到，於是來找我們，開口就罵我們是騙子，根本不發貨，物流資訊也是假的。

在跟快遞溝通後得知，當天送貨的小夥子路上遇到車禍，客人的快遞正好在小夥子車上，因此這批貨臨時換了一個快遞小哥來送，時間上耽擱了一些，但當天晚上一定能送到。

客戶一直不依不饒，在電話裡罵得非常難聽，客服小女生都被罵哭了。

我們沒辦法，改用一小時到的快遞，花了七十元人民幣運費，給她快遞過去了。當天晚上，她的快遞顯示簽收了，但並沒有跟我們的客服說一句謝謝，更別提道歉了。

其實任何一個公司的電商售後，包括淘寶客服，都常常遇到這種事情。有些客戶，只要一出問題，第一句話就是破口大罵，很多時候還等不及客服解釋，就篤定對方是騙子，要騙自己的錢，情緒立刻失控了。

很多人不知道，你的壞情緒，讓你下意識認為所有人都是壞人，總是帶著敵對情緒為人處世，遇事第一反應不是解決問題而是洩憤，都會把你拖進一個深淵裡，無法自拔。而當你把自己的壞情緒扔給別人就不管了之後，也會讓周圍人討厭你。

＊＊＊

有一次，有一項工作本來白天都做好了，但晚上我突然發現了一個問題，趕緊讓助理通知客戶，我們要改。

當時是晚上十點，客戶已經睡了，但我還沒睡，因此腦補了一出大戲。明天客戶看到會不會找麻煩？會不會不同意修改？客戶會不會覺得我們的反應太慢了？如果為此不付錢怎麼辦？

想著這些，真是坐立不安，非常心煩，老公問我話都非常不耐煩。怎麼自己這麼晚才發現？要是客戶較勁起來，可是太麻煩了。當初就不該接這個項目，真是給自己找麻煩。

十一點的時候，我跟助理說：「你說這客戶會不會很難說話，我覺得非常不安啊！」助理問我為什麼，我說不知道，就是感覺惴惴不安的，總感覺這個客戶會非常難說話，這個案子會很不順。

十二點的時候，助理說，客戶起床上廁所，看到我們的留言，立刻確認了，同意我們的修改。週一簽合約付款也非常順利，一句麻煩都沒找。

腦補了一大出戲，其實都是自己給自己加戲。這就像之前看到的一句話：其實工作不累，但平衡工作中的情緒和人際關係很累。

＊＊＊

大部分人的一生，都在被自己的情緒困擾，如何管理好自己的情緒，是一生的必修課。人生很多事本身不累，但被自己的負面情緒拖累才是累的根源。

負面情緒的最大來源，就是我們在遇到事情的時候，不自主往最壞的方向去想，自己恐嚇自己，最終讓負面情緒包圍和控制了自己的行為與思想。

半仙嬸兒說過一句話：口出惡言的人，是從小就生活在憤怒裡的，總被管制來管制去，沒有得到過好臉色。這段話我特別認同，每個人的心境與環境關係很大，喜歡出口罵人，背後抹黑人的人，生長的環境一定是暴虐的，並在日常生活裡毫無成就感和存在感，因此會在某些地方瘋狂表現自己，比如因為一件小事就瘋狂罵淘寶客服之類，以此尋找存在感。

幾年前在北京某商場地下停車場裡，因為四十元人民幣停車費的問題，車主把收費員拖行幾十公尺致死。儘管車主百般後悔，但已經無濟於事。

區區四十元人民幣，對於車主來講並不缺，為什麼會鬧出這麼大的事情呢？

憤怒和焦慮，總覺得對方要跟自己過不去，加上現代社會壓力大，上班時候的情緒無處發洩，遇到某些自認為比自己層次低的人就會瘋狂發洩，最終釀成嚴重的後果。

＊＊＊

《別讓情緒失控害了你》中有句話說：每個人都有情緒自控的能力，那些聲稱完全無法控制自己情緒的人，實際上是得了某種負面情緒的上癮症，這種上癮可以為自己開脫責任，為自己的失意辯護。

很多時候我們把自己的失敗歸結為「情緒失控」，但其實控制和管理好自己的情緒，已經是一門重要的課程。所謂EQ，就是指在面對任何事情時，管理和控制好自己的情緒，能對他人和事件做出合理和正確的反應。但EQ這件事，是當今大多數人的軟肋。

我以前也是這樣一個人，火氣大，一言不合火一下就上來了。情緒失控中會做出很多過激和奇怪的事，對親朋好友都是如此，但事後想想似乎並沒有什麼了不得的大事。

我給自己定了一個原則，無論發生什麼，等五分鐘再發火，用五分鐘時間想一想，這件事最壞的結果是什麼？如果只是損失了錢，那麼這件事就沒什麼事，因為能用錢解決的問題都不是問題。

大多數情況下，五分鐘後我就平靜了，感覺沒什麼大事，只是剛才自己鑽牛角尖了。而且大多數時候，我也並沒有損失錢，我預估的最壞的結果也並沒有發生。

即使現在，我也會經常遇到火很大的人罵我，在背後抹黑我，我告訴自己要心胸寬廣，我知道自己是什麼樣的人，做我認為正確而有意義的事，就可以了。

沒錢沒資源還沒靠山的你，究竟該何去何從呢？

即使有老爸撐腰，沒有真本事，也換不來客戶的一張好臉

朋友小M來找我諮詢，想要讀MBA。我很納悶，小M是個不折不扣的富二代，老爹給零用錢一出手就是五十萬人民幣，家族企業裡隨便一個小廠夠他吃一輩子。去年剛從國外留學回來的他，說去留學，其實也就是吃喝玩樂了好幾年，現在在老爸的公司裡準備著手繼承家業。

我問他：「你在美國不好好學習，成天泡妞，回國開始發憤圖強了？」

小M說：「說真的，以前覺得萬事靠老爸，等回國開始真正踏入社會才發現，即使有老爸撐腰，沒有真本事，急切地跑去跟客戶吃飯，都換不來一個正眼看你。就比如前幾天，我跟我爸出去談生意，我爸跟客戶介紹說我是從美國回來接班的，正好客戶那邊有個美國朋友在場，激動得跟我隨便聊了幾句，你知道我這英文程度，結果只能說打招呼的話，給我爸氣的，丟死人了。」

我看著小M，感覺太陽從西邊出來了。我跟他說：「人家讀MBA為了找到好工作，有高薪，你已經這麼有錢了，還讀MBA圖什麼啊？」

小M說：「我讀MBA最大目的就是讓自己有點底子，起碼出去談生意能有點共同語言，跟人聊天能接上話，而不僅僅靠老爸的面子才能做生意。我現在特別後悔沒好好念書，特別羨慕那種有真材實料的人。」

實力派的長相和偶像派的能力，就是形容你

你可能會說，這是一個顏值當道的年代，臉好看就能嫁得好，能當明星，能得到好多錢，有知識有本事能值多少錢？

臉好看當然非常重要，或許能讓你的起步非常順利，還能得到更多的資源，但當你過了進入社會的前五年，開始靠經驗和資歷，讓自己有複利般的財富與能力積累的時候，知識的作用開始突然浮出水面。

我剛畢業的時候，覺得肯吃苦，能熬夜，能加班，升職加薪指日可待。等到二十八歲過後開始成為主管帶人的時候，開始一個人面對客戶的時候，開始自己出去談生意的時候才發現，職場上真正的實力不是誰最能吃苦，而是腦子的較量。肚子裡沒真貨，客戶問什麼你都不懂，喝杯咖啡都聊不下去，簡直是全宇宙最可怕的事了。

這是一個知識迅猛發展的年代，你不更新自己，想要靠臉、靠父母混跡社會，想靠資歷

吃老本，前五年還行，等你父母一退休，你的臉一衰老，哭都沒地方哭。

成年人的世界，不是偶像劇，怕就怕你只有實力派的長相和偶像派的能力，蹲路邊哭都沒人關心你。

知識就是力（金）量（錢）

當然，提起知識到底能值多少錢，你要現在還問這個話，可能有點Out了。現在不僅僅是一個知識更新極快的年代，更是一個知識變現的火熱時期。

以前你有某項特長，也只能悄悄地下班發展，生怕老闆同事嫉妒你的才華；現在如果你有某項特長，可以用自己的特長開課程，做分享，就算開個小培訓班，收入都可能蓋過你的月薪。

我的那個哆啦A夢朋友小V，以前就是一個普通的上班族，但他有一個特長——英語好。不僅僅自己說得好，還特別會總結方法。他在網路上分享過很多英語學習的方法，好評如潮。年初他開始自己線上下開課，積累經驗和迴響，一次課賺的錢超過他上班一整年。現在正在謀劃著做網路課程，把自己的特長公開化，讓更多的人受益。

這個故事典型嗎？不典型，因為這樣的人簡直太多了。沒有一個時代，知識變得如此值錢；也沒有一個時代，人們都如此渴求學得更多更廣。知識就是力（金）量（錢），實在是一句踏實的話。

那麼問題來了，作為一個沒錢、沒靠山、沒資源、沒本事的自己，在這場知識浪潮中，該如何起步，才能搭上知識熱潮的這趟車呢？今天我用自己的經驗給大家分享幾招，希望能幫到正在發愁的你：

1. 在職碩士博士成人教育

很多人想用在職教育深造，但不知道如何開始。你可以在自己的目標學校官網找「繼續教育」部分，或者在「在職研究生招生資訊網」上查詢資訊。如果沒有大學學位但想繼續深造的，可以在學校官網找「成人教育」，也是非常好的選擇。

2. 線上教育

現在很多培訓班都打破了地域限制，做線上教育，圖的就是能惠及更多的學員，不用跑來跑去，省時省力效率高。而且種類越來越豐富，以前線下難找的課程，只要願意找，都有網路課程可以學。

3. 進修班

有一些專業性領域，比如設計、管理、烹飪等，面對面授課會更有效，因此很多地方有所謂的「進修班」，時間短，見效快，沒有學位的壓力。有一些大學之間的合作辦學項目，也是不錯的選擇（就是比較貴）。

4. 名人大咖講座

如果不想上學，一上課就頭疼的人，可以考慮名人大咖的講座分享會之類的。大城市的分享活動會更多一些，小城市資源少，但可以多參加網路上的分享，有些免費，有些收費也不會很貴，比起上培訓班肯定是太便宜了。

第二章

你最重要，活出自己的價值

在這個世界上，你是最重要的，
你要明白自己這獨一無二的價值。
人來這世間一遭不容易，
在這趟單程旅行中，
你要活出自己無與倫比的價值，
讓自己的夢想，在現實世界中開花、結果。

進入夢寐以求的公司上班，是種怎樣的體驗？

日本的職場勵志劇，簡直是一絕，隨便看一部，都讓人精神振奮。有一天我四個小時就追完了一部日劇，雖然這部日劇拍得有點做作和極端，但總的來講，還是讓人很感動，它很貼切地反映了初入職場新人的努力，但也讓我對日本職場的陰險、暗黑，感到害怕。

故事講的是一個剛從普通學校畢業的大學生角田美樹，意外地進入了一家夢寐以求的一流公司上班。本來她以為夢想的大門正向她打開，希望的太陽正冉冉升起。然而，當她真正進入這家公司的時候才發現，部門的每個人都在捉弄她，不僅什麼都不帶她玩兒，還把所有壞事的「髒水」，都潑到她一個人頭上。在感情上，同事搶了她男朋友，並故意上床給她看；工作上，剛結交的信任自己的前輩，在職場鬥爭中自殺……沒人信任她，除了一個剛剛空降來的男主管。

在一個要離職的員工的啟發下，美樹才明白，作為新人被欺負似乎大家早就習以為常，因為一直沒人反抗，所以這一惡習就流傳了下來，前任新人差點因此自殺。在又一次被誣陷時，美樹勇敢地否認了，她靠自己的勇氣，反擊了這一切。

至此，職場漸漸向美樹展開了美好的一面。在與同事的相處中，美樹看到了每位同事的另一面。他們每個人都有自己的難處，那些辦公室把戲，大家也是因各種原因迫不得已參與。其實，他們都有體貼人的一面，慢慢地在危難時刻，他們開始幫助美樹——這個辦公室，終於不再寒冷。同時，美樹也開始反思自己剛來公司時的為人處世，自此開始她認真地瞭解和幫助每一個人。在故事的結尾，美樹收穫了同事的友情，還有一份來自主管的隱隱約約的愛情，她終於用自己的方式，在職場中走上正軌，未來向她開啟了一扇通向希望的大門。

剛畢業的那幾年，幾乎是一個人最落魄的幾年，工作上不熟悉，手慢總加班，感情上忽好忽壞空窗期一大片，朋友都是過眼雲煙，一個走了一個來……強烈的不穩定、窮和孤單寂寞冷是生活的主色調。如果一天八至十小時的職場還不順利的話，那日子簡直就沒辦法活。

就像劇中的美樹，所有人都覺得她在一個全日本畢業生都夢寐以求的地方上班，一定開心又美好，但實際上她的內心痛苦得想死，每天站在辦公室大門口，她都要使勁想想才有勇氣推門走進去。

曾經有個朋友在進入了一家新公司不久後跟我說，她每天想到工作就痛苦得想哭。她每天特別努力地工作，但就是沒來由地被排擠，被主管說壞話，快到試用期結束時，主管編造了很多奇怪的理由讓她走。她試用期結束的第二天是婚禮，也就是說，主管把她開除掉的第二天，是她的婚禮。

我不知道她是如何面對這樣的人生安排的，如果是我，我大概結婚都沒法正常進行。很久之後她來找我，那時候她已經進入了另一家公司，做得如魚得水，老闆的信任讓她成為獨當一面的好手，她跟我說：「在前一家公司的日子，是我職場生涯裡最黑暗的一段時光。那時候我覺得，我要堅持下去，只要努力他們一定會信任我的，但我錯了，我努力了六個月發現，他們對我的討厭是沒來由的。不管我怎麼努力，就是加班到後半夜，他們也會想辦法排擠我。職場並不是一個百分之百溫暖的地方，但你不需要為那20%的冰冷強迫自己做什麼。堅持做你自己，不要為那些討厭你的人改變什麼，換一個地方，這世界有的是陽光。」

劇中的美樹，選擇了反抗，面對大家她說出了自己的想法。其實每個同事內心深處還是有點人性和善良的，只是迫於一些無奈的原因，參與了這樣的職場鬥爭，她用自己的愛和體貼，換來了同事之間的真心相待。這是有一些日本特色的職場鬥爭，雖然結局有點太過美好，但其中的過程或許我們可以借鑑，因為天下的職場都差不多。

人有的時候就愛鑽牛角尖，把一切往最壞的地方想。比如有時候遇到什麼事情在家裡想，越想越難受，心理壓力巨大，但走出去喝杯咖啡看看人來人往，瞬間就忘得一乾二淨，事後回頭去看，你會發現那點事算啥啊，自己怎麼會那麼痛苦呢？世界那麼大呢！

我經常會收到職場新人的郵件，詢問自己職場裡被欺負了怎麼辦，還要不要繼續待下來，內心痛苦得不行不行的。

說真的，職場挺複雜的，因為除了工作，還有人，而人心是最不能保證的。你工作優秀，可能引來的是升職加薪，也可能是陷害孤立，而職場上的每個人首先做的是自保，因此這是一個很複雜的問題，很難給出一個乾淨俐落的答案。

但好在美樹和我的朋友是勇敢的，要麼戰鬥要麼走，天涯何處無芳草，何必單戀一枝花。你必須做出一些行動來改變自己的處境，否則環境和時間並不會改變你。就算是離開，並不代表放棄，而這也是一種勇敢，勇敢地改變，為自己做出新的選擇。

進入一家夢寐以求的一流公司，每個人都會為此暢想美好的未來，但正如這部暗黑的日劇所演，生活有時候並不能讓你如願，你要做好最壞的準備。我看到過這樣一句話：「把人往好處想，把事往壞處想。」說得真好。

你最大的問題不是迷茫，而是無法起床……

自辭職創業以來，生活裡最大的改善就是學會了早起，這樣腦子轉得賊快。

每天早晨孩子八點醒來，我就跟著起來，餵奶吃飯，折騰完了就直接去工作，換作以前，我會直接回到床上睡覺。

這樣做最大的好處就是早晨腦子超級靈光，一天的工作，一上午就可以做完，下午只剩下玩耍和睡覺。有時候醒早了，六點就起來，雖然睏，但堅持一小會兒，工作立馬進入狀態，差不多九點就可以做完一天的全部工作，之後帶兒子上課，帶女兒散步去。

聽我姐夫說過這樣一句話：「你最大的問題不是迷茫，而是無法起床。」

對這句話我深以為然，簡直就是真理，特別是早起以後，感覺每天的二十四小時多了半天，最重要的是，早做完事情心裡爽得不得了。

很多人都說自己迷茫，可迷茫到底是什麼呢？

說到底，迷茫大多是因為理想太遠大，但無法下手，不知道該如何才能實現。可反過來講，一個人連起床都起不來，連早睡的想法都實現不了，連體重都管理不好，又如何相信他能夠管理好人生呢？

說到底，解決迷茫和行動力的最大殺手鐧，就是先起床。

＊＊＊

有位朋友曾和我說過：「世界上哪有什麼一夜暴富，又不是房屋被拆遷了……大的成功，必定是把一些方法論或某件事做到了極致，我們做不到那麼好，因為大部分人都是淺嘗輒止。」

以前看到大咖彭小六把自己讀過的有關閱讀方面的書，摞在一起發在朋友圈裡，我歪著腦袋看了一眼，大概有三十多本吧。很多人都知道彭小六是新晉的知識管理大神，當然也有很多人頗有微詞，認為他不可能懂那麼多，憑什麼賺那麼多錢？這裡面肯定有玄機。

我跟小六沒有很熟，可單憑這張圖，我就能瞭解他背後的用心和強大的閱讀量。翻翻他的朋友圈，基本上都是各種學習類書籍的推薦和學習心得的介紹，我的朋友圈基本上是吃喝玩樂晒孩子，這就是我沒有他有錢的終極原因吧（看，朋友圈暴露了人性，很殘忍）。我周圍有很多強者，也有很多九〇後年入幾百萬人民幣——羨慕嫉妒恨必須有，可我更喜歡研究他們是如何做到那麼成功的。經過研究，我發現其實也就無非下列這幾點：

1. 瘋狂地學習，看到比自己強的人都去學

我曾跟好友楊小米說不要把所有精力都放到公眾號上，多出去看看世界，多體驗一下生活，才能寫出來更好的文章。轉身她就找了一家很好的公司開始實習。一般人沒這麼聽人勸，也沒這麼高效的行動力，小米實在讓人佩服。

2. 感覺他們都「不是人」

有天我跟身邊的一位強者說：「我忙完這幾天得看看熱播電視劇，都快大結局了，我就看了半集。」

誰知對方卻跟我說：「什麼？看電視？我都好幾年沒看電視了。」

有時候我覺得，我可能一輩子都沒法發財了，因為我沒有他們那麼「不是人」。

無論我什麼時候，半夜幾點看手機，他們都在叨叨叨地說話。他們一天到晚全中國飛來飛去地出差，居然還能找到時間生孩子、帶孩子和健身，確實讓人不得不佩服。最可怕的是他們還懂得特別多，也不知道他們到底什麼時候看了那麼多書。

3. 特別捨得花錢

這些強者說起自我投資進修，沒二話，從來不東問西問，值得嗎？好嗎？在別人瞎打聽的時間裡，他們已經完成了學習。

說到拓展人脈，他們是人不到禮先到，遇到值得學習的高手更是送禮比送飯還勤快。表達心意，拉近關係，為得到一個近距離跟強者接觸學習的機會，在所不惜地砸錢。最後，強者都成了朋友，自己變得更厲害。

＊＊＊

道理誰都懂，就是下不了狠手。稍微努力點就覺得自己好辛苦，蒼天啊大地啊，你怎麼還不睜眼讓我暴富？

曾看過咪蒙有篇文章，題目叫〈你哪有全力以赴，你只是盡力而為〉。從題目來講，絕對是個金句，而文中那個男孩子的故事，很讓人感動。

你以為身邊沒有這樣努力的人嗎？到處都是，只是你不想相信，也不想看，因為看完你會愧疚又焦躁，明知道自己因為什麼混成今天這樣，但就是對自己下不了手。

人到了我這個年紀，成為一名腦子動得特別快、迅速響應號召生了二胎的人才會知道，命好的人有爸媽幫忙好幸福，但大多數人你不對自己下狠手，這個社會就會對你下狠手，而且越往後越打得你體無完膚，屁滾尿流地往前走。

不過，話說回來，如果你連起床的問題都解決不了，你也就無所謂什麼狠手不狠手。為了拯救我自己頹靡不安的人生，我決定進一步加強自我管理，爭取逐步進化到六點起床，減肥大業持之以恆地進行下去！

我的一個仲介朋友，以前和我分享過這樣一段話，我覺得說得非常棒：「真正讓人變好的選擇，過程都不會很舒服。你明知道躺在床上睡懶覺更舒服，但還是一早就起床；你明知道什麼都不做比較輕鬆，但你依舊選擇追逐夢想……這就是生活，你必須堅持下去。當你存夠了錢，這個世界就會對你很溫柔，你也就不會再患得患失生怕被人辜負。即便有錢不一定幸福，但離開誰你都能從容開始。錢雖然很俗，但它會令你底氣十足。」

好好活下去，每天都有新打擊——
三十歲才知道的十五個啪啪打臉的人生教訓

站在風口，豬都能飛起來，別把運氣當能力，別高估了自己

一直以來，我經常收到投稿，題目基本上都是〈一年從月薪三千元到年薪幾百萬〉之類的文章。不管這人之前是幹嘛的，最後幾百萬都是發廣告宣傳賺出來的。我也經常發廣告，但我並不覺得這是什麼值得標榜的能力，只是運氣。人不能把自己的運氣當成能力，高估了自己。有一天沒有廣告宣傳了你還能做什麼，這才是你真正的能力所在。

山不轉水轉，學會感激，勝過處處與人為敵

人在社會，處處險惡，總會遇到不平事。人心焦慮又浮躁，三言兩語就會幹架。現在有個詞叫「撕逼（撕破臉）」，說白了就是老死不相往來的決裂。但山不轉水轉，很可能有一天，一切又轉回來了。曾經被你罵死的人，有一天也可能讓你身敗名裂，讓你後悔又惱怒。

都是成年人了，成熟點，與人為善，勝過處處與人為敵。

學會用自己的能力產生複利來賺錢，而不是不斷內耗自己的能力

年紀越大，越懶得動腦子，吃老本成了一種常態。然而老本總有吃完的一天，到時候該怎麼辦呢？所謂的金錢安全感，並不是此時此刻你有多少錢，而是指你是否有持續賺錢的能力，這種能力來自用你自己擅長的技能產生複利來賺錢，而不是不斷內耗自己的老本。

越老越值錢，是指能力越老道越值錢，不是年齡的「老」

你還在相信人「越老越值錢」嗎？你還在等著自己每年按年資升職加薪嗎？越來越多的八〇後已經被九〇後趕上來了，面對小鮮肉們低價高質量高強度高熱情的工作狀態，你一點都不著急嗎？以前的工廠，越老越有經驗，可時代不同了，科技的發展，經驗不是最重要的，快速更新和變革自己的知識體系和內容，才能讓你的能力升值，薪水翻倍。坐著等，只可能等到裁員通知單。

人的時間和精力有限，向內豐富自己，不要向外高消耗

年輕的時候都喜歡不斷地對外表達自己的主張，生怕別人不知道自己，看低了自己。等年紀大了才知道，人的時間和精力都太有限了，好不容易有點自己的時間，更希望能向內豐

富自己。別總想著讓世界認識自己，先過好自己的生活。不給別人找麻煩，就是對社會最大的貢獻。

能花錢的事就不要花時間，免費的才是最貴的

這年頭，免費的東西才是最貴的。為別人的辛苦付費，是基本的尊重和禮貌。別總想著什麼都不付出就得到，社會的現實會告訴你，要麼你得到的是垃圾，要麼需要你花更多的時間去研究。能花錢的事情，就不要花時間，時間比錢貴一萬倍。

同甘共苦的重點不是共苦，而是同甘

無論是職場還是感情，越來越多的爭吵，並不是發生在共同吃苦奮鬥的時候，而發生在花好月圓生活安逸的時候。人滿足的時候總會開始想入非非，想要得到更多，開始回想自己是不是得到的太少了，於是不惜翻臉打碎曾經最好的關係，傷害最愛的人。為什麼日子越來越好，人卻翻臉越來越快呢？在一起奮鬥的時候，別光想著成功後一起分享，真到那一天不反目成仇就算萬幸了。

最難的選擇不是對錯之分，而是利他和利己

小孩子才講對錯，成年人只看利弊。很多曾經價值觀裡的對錯，在現實世界裡開始分崩

離析。人最難的，不是在對與錯的黑白世界中做出選擇，而是在利他和利己之間做出判斷。就像以前說的，人會被社會的大熔爐磨平稜角，磨平稜角其實不是不懂對錯，而是無法拒絕利己的誘惑。

你所謂的歲月靜好，不過是有人替你負重前行

這是蘇心老師的一句話，有了孩子以後感受得更加深刻。

人到中年，成了三明治中間層的時候，才知道自己擔負著什麼樣的責任，為了老人和孩子的生活安康，自己要付出極大的努力。同樣的道理，總覺得自己生活安逸、歲月靜好的時候，其實是你的另一半或你的父母，正在生活的叢林裡幫你遮風擋雨，披荊斬棘。

別在那些不會感激你的人身上浪費時間

總有些人，不把你當人，而你卻費盡心思想對人家好，苦口婆心地浪費自己的時間去勸導人家。別在那些不會感激你的人身上浪費時間，他們不值得。即便有一天他們成功了，他們也不會跟你問句好，而你還傻傻地覺得自己是大功臣。

學習別人的優點，別像更年期一樣看誰都不順眼

年輕的時候總覺得自己天下無敵，中年的時候總覺得比自己強的人都是垃圾，總之從來

看不到別人的優點，背後數落別人一套一套的都不用打草稿……這樣自己就好過了嗎？優秀了嗎？升職加薪了嗎？嫉妒別人的最極品做法，就是將他的優點都學到手，讓自己越來越強大，直到把他甩到自己看不見的地方去。

不再為自己沒賺到的錢後悔，因為你就沒下那工夫

賺錢的方法千千萬，別看到別人賺了錢，就懊悔自己當初為什麼瞎了眼沒做。行行出狀元，重要的不是你做了什麼，而是你怎麼做。壓根就沒有下工夫吃苦的想法，做什麼都發不了財。

在一個領域挖得深，就有足夠多的錢等著你賺

年輕的時候什麼都想做，想做個斜槓人才，幻想著到處都能賺到錢。等年紀大了發現，真正在一個領域的頂尖人才，都是專一且資深的。他們靠一項獨門的專業知識，便可以行走江湖，錢像潮水一樣湧來。而那些每個領域都是三腳貓功夫的人，別人當高階主管的時候，他只能到處吐槽社會不公。

篤定自己的喜好和風格，不再盲目模仿和跟風

內心越來越瞭解自己，篤定自己的喜好和風格，不再人云亦云地模仿和跟風。遇到不理

解自己的人，不再去爭執，只會笑笑。你不理解請隨意，我認識我自己。開始理解世界的多元性，尊重和理解每個人的生活方式和人生選擇。

後悔年輕的時候，為什麼不多學一點

等你上有老下有小，精力時間都不夠，做點啥都累得不行的時候，你會開始後悔，年輕的時候為什麼不多學一點？現在真心想學，但卻力不從心。人生，是不是從此就這樣了？再過二十年，自己就是個老頭老太太了，現在努力，還能做到多努力？還能來得及嗎？

你這麼精緻，一定很有錢吧

跟老公拜訪了他的一個住在胡同裡的同事，早就聽說他的這個同事在胡同裡租了兩間小平房，但不同的是，這位男同事親手把兩間小平房改造成了一個小小的世外桃源。很多人都曾經來過他家參觀，紛紛讚不絕口。

對於房屋改造，我也是看過電視的人，但真正親眼見到，還是被深深地震驚了。

同事租的兩間小平房，在北京一個普通的胡同院子的最裡面，彎彎曲曲的小路走進去，身體兩側都是各種搭建的小屋子。在一個簡易的屏風背後，藏著同事的家。

一間小房子，被他改造成臥室和浴室，還做成了樓中樓。樓下是客廳，樓上是臥室，另一間是廚房和工作室。這個同事有一個愛好是做木工，因此他給自己做出了一個木工工作室。

所有的房間裝飾，整整齊齊，連一盆花，一片葉子，地上的一個罈子，都是特意找來的，別具風格的擺放方式，看一眼感覺都像雜誌上經常介紹的小店。

如果說這並不算特別的話，沿著樓梯上二樓，才是別具一番風情的地方。平房的房頂上，被他活活做出了一片大院子的感覺。向這個不到十五平方公尺的地方看去，有一把搖椅，還有一個木頭做成的盒子，裡面種著各種蔬菜水果，竟然還種了西瓜！就連澆花的工具，都很專業，讓我這個常年用飯碗給花倒水的人羞愧難當。

兒子在他的「菜地」裡玩耍的時候，他端上來兩杯自己做的飲料。據說是用蜂蜜＋檸檬＋雞尾酒冰球＋薄荷做的，好喝到爆炸，連端上來的楊梅，都是經過冰凍的（居然還能冰凍）。

夏天坐在屋頂的搖椅上，頭頂是兩棵巨大的香椿樹，孩子給盒子裡的菜澆水，喝著神奇好喝的飲料，吃著冰凍楊梅，這生活簡直太神仙了。

同事說，這個房子現在的樣子，是過去一點點裝出來的，有一點錢就裝一點，有一點時間就做一點木工活來改造個小家具、小木箱……慢慢就變成了現在的這個樣子。只要心裡想要這樣的生活，就一定能做得到。

我去過很多朋友家裡，這是我第一次對一個房子的主人產生了羨慕之情，我當即跟老公說：「我們以後有新房子的話，讓他來設計吧，他家太精緻了！」

＊＊＊

作為一個糙人，我最害怕遇見的一種人，就是「精緻的人」。這種人有一種神奇的魔力，能讓你瞬間愛上他們的生活和狀態，並為眼前的自己自卑起來。

我一直覺得，精緻的人一定很有錢，所以才會有那麼多的裝備妝點自己，直到我認識了同事小W。

那時候我跟小W都是新員工，拿著月薪三千元人民幣的工資。從我認識她的第一天起，她一直化著精緻的妝容上班，身材瘦瘦的，中午吃飯都細嚼慢嚥的，衣服看起來得體又好看。相比我這種挺著素顏大臉還不會化妝不會挑衣服的人來講，小W像個小女神一樣活在我身邊。那時候我覺得，如果我們薪水一樣多，那麼她有可能家裡特別有錢。

有一次我去小W家裡找她一起去開會，進門見到了她媽媽，我彷彿穿越了一樣。她媽媽當時要出去買菜，正在鏡子跟前化妝和整理衣服。他們家裡非常整潔乾淨，沒有一個多餘的東西亂堆亂放。家裡都是傳統家庭的陳設，不新潮，但很溫暖。而她的媽媽，舉手投足優雅淡然，那麼美，身材也是那麼好，說話慢慢地，像一個民國名媛一樣。站在她們身邊的我，感覺多餘到不知道把自己放哪兒才好。

那天，我突然意識到，精緻其實跟錢沒什麼關係，而是一種生活態度。保持精緻的生活，能讓我們更加自律自省，同時更能體會到生活之美。錢可能會讓你過上什麼都買得起的生活，但精緻才能讓你有機會認識和瞭解這些美。而美是一種自尊，也是對別人的尊重。

＊＊＊

我有一個很好的朋友叫喬小刀，喬小刀是一個神奇的人，他擅長把很多便宜的東西，創造出新的可以利用的生活用品，讓生活透過自己的雙手變得有趣，而且性價比超高。

當時的我，還在裝樣子的年紀裡，畢業沒多久，生怕別人覺得自己窮。萬萬做不到小刀那麼心靈手巧，也不願意讓別人看低了自己，也買過很多昂貴的牌子，但最終的命運，不是被束之高閣，就是感受不到這些昂貴的產品到底有多神奇。

直到進入社會生活了十多年的今天，在經歷和見過了生活的很多面之後才意識到，精緻與月入多少錢沒有關係，精緻本起於心，是一種態度與追求，無關乎收入。精緻的生活，不是表面堆砌奢侈品，而是一種內在的自我對生活極致的追求與探索。精緻的人有一種強大的氣場，吸引著周圍的人愛上他的美。

人生真正拉開距離的，是畢業後的第一個十年

跟高中同學老高聊起同學們現在都在幹什麼時，沒想到很多人的現在都還挺讓人驚訝的。以前悶不作聲只會笑的一個男孩子，現在是科學家，新發明直接賣專利躺著賺錢；以前學習不好，鋼琴彈得好的女生，現在是全球青年鋼琴家，每年都要巡迴開音樂會；以前那個被奶奶疼愛到連作業都寫不完，還要被奶奶親自送來上學的同桌，現在做了礦區大老闆；就連老高這種不務正業，天天談戀愛嗑瓜子的，現在也天天努力奮鬥，成了知名的日本代購。

從高中畢業到現在已經十三年了，大學畢業九年了，人生的差距越來越明顯地拉開了。高中畢業時候的人生差距，全靠家庭和父母；大學時候的人生差距，全靠入學考試時的分數；而畢業後的人生差距，靠學校的品牌和名氣……如果說，以上的一切都可以靠這個靠那個，但大學畢業後的第一個十年——也就是差不多我們人到中年，三十多歲的時候，差距的造成完全因為自己。

那個畢業後嫁了好老公天天不上班的好學生，已經聊天都聊不下去了；那個畢業後天天

熬夜加班學習練了一身本領進入創業公司的，現在已經有了期權和股份；那個畢業後一直跳槽惶惶不可終日的，現在也只有溫飽的薪水和不可捉摸的未來。年輕時候可能還有人會在意你的爸媽、家庭和背景，討論一下你家這麼好幹嘛還要來上班的話題。等三十多歲的時候，大家只在意你在社會中的位置和職務，至於你爸你媽和你家，都不重要。十年，彈指一揮間，從聊買包買鞋買衣服，陡然間變成了房子、車子和孩子，期權、保險與股票。我們大多數人，並不是生長於富二代的圈子裡，因此其實我們的競爭挺公平的。畢業時拿了誰家的 offer 重要嗎？當然重要了，但那只是個開始。畢業後的第一個十年到來的那一天，你發現以前你看不起的那些人，過得比你幸福又富裕，這才是真正地扎了心。

從二十歲開始奮鬥，到六十歲即將退休，這是人生最重要的四個十年。觀察了不少周圍三十而立的大贏家，真正拉開人生距離的，其實是——

常立志不如立長志

年輕最愛立志，小到明天要早起，大到想改變世界，沒有想不到的夢想，只有骨感的現實。然而，當夢想照進現實的時候，情況就不那麼樂觀了。大部分人總是在思考，為什麼自己迷茫又彷徨，為什麼自己找不到進步開始的地方。因為你又懶又饞還沒志向，你有的只是一個幻想。

行動力比夢想更重要

聽過一個成功人士的講座，他說自己有任何的夢想，都不會先說出來，而是會默默放在心裡，因為怕別人嘲笑他。只有在他真正做到的那一天，他才會輕描淡寫地說出來。年輕人誰沒有過夢想，但成年人的世界裡，行動力比吹牛更重要。

有效的努力勝過千萬個熬夜

掌握正確的方法＋健康的生活習慣＋充沛的精力管理，是成功的三大保障。加班熬夜誰都會，比慘不是成年人的遊戲規則。

細節決定成敗

我剛畢業第一年，老闆就在死摳我所有作業的細節，從標點符號，到字體字型大小。她說過一句話：「我們公司出去的人，跳槽永遠不會被人懷疑專業性。」幾年之後自己進入了更大的社會洪流之後才知道，細節是一個人面對社會的第一張臉。

心胸和格局決定你能走多遠

把眼界放寬，把內心放遠，別總盯著眼皮下面的一點利益糾結不已。賺錢的時候要想如何三十年之後還能賺，花錢的時候要想著有捨才有得。沒有心胸和格局的人，有再多的錢，也只是個葛朗台（巴爾札克小說《歐也妮・葛朗台》中重要人物，是城中一個最有錢、最有威望的商人，但他為人卻極其吝嗇）。

學會讓自己的價值複利增長

別把運氣當能力，別總盯著錢。學會用自己的能力和價值換錢，而不是用時間來換。保持自己的危機感和緊迫感，不斷升級自己的能力。當你覺得自己已經達到頂峰的時候，想想下一個頂峰你如何到達。

成年人的世界是互幫互助，互相利用

成年人之間沒有太多感情，大家都是出來混口飯吃，如果你能進入一個圈子，大家一起結夥互相利用，結夥成長，已經是很幸運的事。至少，你的能力被人認可，還有人能用得上，怕就怕你的能力都沒人看得上。

吐槽和抱怨一點用都沒有

長期的吐槽和抱怨，只會讓你成為一個長期不如意的人，繼而成為一個非常極端的人。就算你吐槽別人整整十年，那又能怎麼樣呢？你依然還是一個 Loser 而已。

嫉妒心是進步最大的敵人

嫉妒心，會讓你口不擇言，讓你找盡一切理由安慰自己。但人生實苦，嫉妒能讓你敵視一切有利於你進步的事情。相由心生，你還會成為一個難看的人。

別在該脫貧的時候總考慮脫單

別總說戀人愛錢，別總說現實刻薄，三十歲之前的努力，決定你三十歲之後的生活狀態。別總說別人有錢就變了，那是因為你一直維持現狀什麼都沒變。不僅經濟狀況沒有變，連思想格局也沒變。沒有人能一輩子一成不變，變就對了，因為別人的生活越來越好了。

人生奮鬥四十年，第一個十年，你正在哪裡？準備怎麼過？

學了幾十門課程，我發現了不為人知的幾個祕密

前一陣時間充裕，在家待著幾天把買的十幾門課程都看完了，並用心智圖做了詳細的筆記，覺得收穫滿滿。學了這麼多課程，有幾點感悟想要與大家分享一下。

只要你想學，有學不完的東西

前幾年我在豆瓣做了一個小組，叫「每天早起一小時，網路課程天天上」。那時候特別流行公開課，就是美國名校錄製出來的公開課，在網路上被免費分享。我的小組算是豆瓣公開課類別裡人數最多的小組，目前有十四萬人。那時候就發現，只要你想學，太多公開課的內容可以看，後來這些公開課的內容還出了很多書，很多網站都在建站搶占流量。

後來有了TED，有無數感興趣的話題分享給全世界，我還記得我的同事每天中午在辦公室一邊吃飯一邊看。後來中國的各個城市、大學，都建立了自己的TED來做分享。

現在有了微信群，以前看線上課程跟被騙了一樣，現在就習以為常了。在知識變現的今

天，太多的平台在開放知識分享。這不僅打破了原先培訓班的教學模式，更讓學習者在低成本、足不出戶的方式中完成學習，更加簡單便捷。

現在隨便更新朋友圈，就能看到一堆堆課程。所有的課程，只有你想不到，沒有你找不到的。只要你願意學，無數的強者都在給你分享。

但問題來了，以前老說自己想學這想學那，也買了很多課，可問題的關鍵是，是真的想學還是假裝想學？那些你買了的課程，你都上了嗎？

只要你比我強，我就應該向你學習

以前真心覺得自己還挺好的，各方面的知識知道得多，認識的人也挺多的，但年紀越大，學的東西越多時才發現，自己就是個屁。

很多東西，我們慣性地認為，自己以為的就是真實而正確的，與我們的認知不同，就是錯誤的。或者以為自己知道的已經足夠多了，別人能講出來的，無非也就是那些罷了，有什麼可學的？

開始一上課才發現自己瞭解的世界僅僅是冰山一角。

以前我覺得比我厲害的人，一定年紀比我大，在一線城市，讀名校，有好的背景和資歷，才有資格讓我覺得厲害。但這些老師裡，有人比我小，有人比我資歷少，他們並不都在名校，也並不都在一線城市，但他們都有自己的擅長領域。

三人行必有我師，只要你比我強，我就應該向你學習。每個人學一點，能學到的東西就太多了，這是我思維轉變最大的一個收穫。

差距不僅在於努力程度，更在於思維方式

以前上課的時候，總關注些沒有用的，比如說老師好看嗎？聲音好聽嗎？發音標準嗎？能不能引起我的興趣？說話是不是囉唆？……一旦達不到這些標準，就覺得這課程不好，覺得上當受騙了。

有一次，我跟一個學霸討論起課程，提到課程給自己的感受，他跟我說：「他們不是專業老師，不是表演者，沒有學過播音朗誦，不完美特別正常，妳應該用他們講的對你是否有用來確定是不是好課程，妳是花錢上課，不是選美。」

能在短時期內成為一個領域的達人，並能夠製作成為課程教學，他們的學習方法、思維方式與表達方式，都不會太差。

有時候你跟別人的差距，不在於努力程度，而是從一開始你的關注點和思維方式就錯了。忽略那些有的沒的，我覺得每節課都有新收穫，哪怕只有一個知識點的收穫，都覺得特別值得。積少成多，思路開闊了很多。

反思自己有什麼獨特的價值與核心競爭力

之前朋友邀請我在「在行」開課，我想了半天我能幹嘛啊，一晚上沒想出來，為自己的無能感到憂慮。

所有開課的老師，放在生活裡都是普通人，但他們都有一份自己獨家的核心競爭力，比如說PPT玩得好，會演講，會畫心智圖，會攝影，懂職場等，每個人都有出眾的一個方面，自己呢？

以前我說過，要讓自己的名字成為一個品牌，而不僅僅是一個名字。有一天，公司倒閉了，或者離開公司，那你還是你自己，除去名片上的那個職位，你還有自己的一切，還能被別人利用和需要，你才是成功的。

在今年的開年計畫裡，我給自己的一個要求是上至少五十門課程，助理至少上十門課程，並寫出詳細的學習筆記。在這個知識爆發的年代，即使拚命學，都可能趕不上時代的發展。在上課的同時，不僅要思考課程內容，也要思考別人的思維與格局，不斷複習反芻，化知識為己用，才能真的學到，而不僅僅是聽了一遍那麼簡單。

還是那句話，知識那麼多，學也學不完，每天學習一個點，堅持一整年，你大爺還是你大爺，但你已經不是以前的你了。

你跟什麼人在一起，就會變成怎樣的人

看到同事一篇關於工作內容的文章，突然回憶起以前上班的時光。仔細回想，十年前的今天，我第一次走進北京CBD的一棟豪華辦公大樓裡，開始了我的實習生涯。我的實習，持續了整整十四個月，其間從未間斷一天，之後無縫銜接地轉為正式工作。因此可以說，迄今為止，我工作了整整十年了。

雖然我並不是多麼厲害的員工，但總的來講，不好不差。我的職場，開心過也鬧心過，哭哭笑笑走了這麼多年。回想起來，記住的都是很多人很多事，對我的幫助和淬煉。他們一步步，把我從異想天開的小女孩，變成了一個自律自強又懂事，願意為自己拚命努力的人。

十年間，總會有一些人，一些話，一些教訓，瞬間刷新了我的觀念，瞬間就讓我明白了社會運轉的道理。今天分享影響我最大的十個道理，希望對大家有所幫助。

遇到嚴苛逼死你的老闆，日後感激都來不及

初入職場，自己就是一個鋒芒畢露的鳳梨，到哪兒都覺得自己不含糊，總覺得那些不斷潑涼水給你的主管，是因為自己沒本事而嫉妒你的才華。等三年後自己開始帶小團隊的時候才明白，看見剛畢業的小笨蛋們，是多想好好教他們成長，又是多麼恨鐵不成鋼。職場五年之後回頭去看，你發現自己80％的職場技能和意識，都是前三年極品變態的老闆教給你的。

理解別人的不易與不同，不要只用自己的世界觀看世界

年輕的時候思想很極端，與自己不一樣的，就是不好的不對的，恨不能與對方聲嘶力竭地爭吵。但花花世界什麼人都有，不是別人錯了，而是你固守著自己的價值觀不肯鬆手。人各有志，每個人的想法因為各自環境背景的不同而有著巨大差異，理解別人的不同和不易，才能讓自己的內心更豐富，而不是極端又刻薄。

山不轉水轉，同事之間別作惡

無論是對主管，還是對自己的下屬，別因為任何原因去作惡，山不轉水轉，都是一個圈子裡的，除非你未來遠離工作，遠赴他鄉，否則多少年後，很可能被反捅一刀。雖然同事之間談不上什麼閨蜜朋友，下班後就再見，連簡訊都不會發，但就算保持表面的微笑，也是日後能問句話的基礎。永遠記住，成年人的世界，就是互幫互助，互相利用。

你跟什麼人在一起，就會變成什麼樣子

如果有可能，畢業後的起點，請盡量找一個高起點的公司，哪怕錢並不多，哪怕有可能你在其中是最 Low 的。剛畢業的時候，每個人都是一張白紙，你周圍人的樣子，就是你的未來。而你周圍的人，就是你進入社會開始的圈子，將奠定你未來工作和生活的認知與圈層。

把公司當學校，把老闆當老師，才是最蠢的

畢業的時候總想著找一個能教自己東西的老闆，也總想認識大咖，希望對方能提攜自己，但憑什麼呢？憑什麼對方要花自己的時間、精力，去毫無回報地教你呢？把公司當學校，把老闆當老師，才是最愚蠢的。總抱怨自己學不到東西，該怪的難道不是自己不好學？

學習能力比什麼都重要

以為進了一個好公司，就能一勞永逸地養老了？市場日新月異地變化，你的存在對公司並不重要，你的價值對公司才重要。如何提升自己的職場價值，是每個人一直都要警惕的事情。不斷地學習、讀書、交流、聽課、進修……越來越多的人緊迫地跑起來的時候，吃老本的你只會越來越被甩得開會都插不上嘴。

覺得老闆變態的時候，換位思考一下

很多人罵老闆變態，但等自己未來做了主管，比老闆更變態。創業維艱，老闆要考慮的事情太多太多了，大到公司未來，小到一包列印紙的價格，沒有一個老闆不想做個親民和善的好人，但很多事身不由己。覺得老闆變態的時候，換位思考，如果自己是老闆會如何呢？或許你能理解很多。

三十歲的位置和資歷，決定你未來能獲得的資源和幫助

三十歲是很多職場人士的分水嶺，這個時間的人，大多數已經工作五年左右，已經有了一定的積累和資歷。如果說三十歲之前，大家都是初入職場，到了三十歲之後，一部分人會開始高速發展，因此三十歲左右你能達到什麼樣的位置和資歷，直接決定你未來能獲得多少資源和幫助。

工作可能無法讓你賺大錢，但它是積累經驗，擴大視野，認識世界的最好平台

以前有個人跟我說，職場有什麼用啊，我在外商就是個螺絲釘，但我業餘時間做代購賣面膜，賺得不要不要的，比上班有用多了。

所謂的成功，不僅僅是錢，如果只為了錢，十六歲就能出去打工了，還讀什麼大學和碩博？工作給大多數人的只是一個月薪，但公司是一個平台，讓你累積經驗，擴大視野，認識

更多優秀的人和更大的世界，這是你賣面膜所得不到的更珍貴的東西。

別把公司厲害當成自己厲害，離開公司這個平台你可能什麼都不是

如果你進了一家非常棒的公司，只是因為你過去的資歷很符合公司需求。對於大公司來講，每個人都堅守一個崗位，與你合作的人，更多的是看到你所在公司的平台與名氣，而不是你多厲害。不信辭職之後看看，還有沒有人會記得你。沒有公司加持的時候還能擁有的能力，賺到的錢，合作的生意，才是自己的真本事，也是上班時要偷偷鍛鍊的最重要的內容。

打工時養成的三個固定思維，讓我創業損失了兩百萬人民幣

太追求萬無一失，總想著萬事俱備才開始

看到過這樣一句話：「這個年代，最大的風險是，你什麼都沒做。哪有什麼運籌帷幄，都是一邊交著學費罵自己傻瓜，一邊調整方向。」

以前上班的時候，做什麼老闆都給安排好了，按部就班地做完，就沒什麼問題了，因此養成了主動探索、遇到困難就止步的壞習慣。一遇到困難就都推給別人，遇到新的事情，想都不想就說自己不會，做不了。自己就做份內的事，其他事情自己不想多費腦子，也就越來越不想鑽研了。以為躲過了就沒事了，殊不知這種畏難情緒才是真正阻礙自己進步的元凶。

我剛辭職的時候也是這樣，因為辭職之後，很多人覺得我很自由了，來找我合作。但這種合作不是上班，沒有固定的規範和標準，很多事情都要共同研究，第一次嘗試往前走。自己總是想都不想，就拒絕了——「我不會，不擅長，沒時間，要帶孩子。」

後來我發現，我錯過了很多特別好的時機，很多做得不如我的人，最終取得了比我更好

的結果。我一直習慣於跟在別人後面，等絕對安全了才出手，以為這樣就是萬無一失了。但絕對安全的時候，也是市場大致被占滿了的時候。太追求萬無一失，總想著萬事俱備才開始，怕虧怕失敗怕被別人占了便宜，可能就永遠開始不了了。

不是不能，是從不把自己逼到絕境上

以前同事跟我談起想要辭職創業，現在的工作錢不多，還特別辛苦特別累。他想了兩年了，始終邁不出這一步。就算第二職業已經開始賺錢，而且已經超過了工作薪水，他還是沒有勇氣辭職。總覺得旱澇保收多好，其他的還能賺個吃飯錢。萬一辭職一毛錢賺不到，不就喝西北風了？

其實並不是，因為還有個工作，總覺得自己還有個底。你還沒被逼到絕境，逼到絕境你就什麼都會了。大部分人的無能，不是不能，是沒把你逼到那個程度上。前幾天談到一個新案子，我想和他一起做。朋友跟我說沒做過，不會。我告訴他，不要給自己預設一個不會的概念，這是上班久了的一個固定思維，如果不打破這個固定思維，就沒辦法自己做。我也是那天跟他說的時候才發現這個問題。

觀察周圍很多自己創業，甚至只是一個做小買賣的人，他們的頭腦特別靈活，經常只要一句話，一個點子，就能發現商機衝過去。因為他們沒有後路，有任何機會都要搏一下。不搏可能就沒飯吃了，搏一下可能有大商機。他們五湖四海三教九流都認識，遇到任何問題都能從電話本裡翻出一個人，打電話去問一問。

相反，上班很久的我們，習慣了按部就班，多費一道手續都嫌累。遇到商機可能只是簡單地看看，感嘆一下可能會賺錢，但想到要賺錢可能需要自己付出很多，也不知道上哪兒找人，周圍都是跟自己一樣的上班族，沒門路沒管道沒人脈……算了，還是在家歇著，看看電視滑滑手機好了。平時不留意，覺得上班下班就夠了，關鍵時刻自然只能看著機會嘆氣。

對自己的人生要求，只剩下吃喝玩樂

朋友跟我分享過這樣一句話：「已經筋疲力盡想放棄，但又堅持了下來。」我說我對這句話太感同身受了，特別是這兩年，工作量比以前大了三四倍，但一直在懷孕生子哺乳期，每次工作到晚上的時候累到不行，但想想自己辭職了，要想做出點成績，隨便放棄怎麼能行呢？難道我要做一個兩手空空，只會買買買和討論屎屎屁的媽媽嗎？我一直覺得，一個人懈怠的開始，是對自己沒要求了。

上班幾年以後，大部分人都度過了人生最窮的青春奮鬥階段，手上有點錢了，能大幅度提高自己的生活品質了，因此對自己的人生要求，基本上跟工作和奮鬥也沒什麼關係了。週末去哪裡吃喝玩樂，年假去哪裡旅遊採購，成了最大的話題。而工作，差不多按照流程對付一下就好了，只要不出錯，萬事大吉，客戶要什麼我給什麼，哪還會想著什麼不斷精進，不斷進取？

我們不是不夠努力，是對自己沒要求以後，就會潛意識地說服自己，要那麼拚幹嘛？人各有志，我就不想要那麼多錢，不想買房子買車，我這樣的人生不也挺好的嗎？不一定要很多錢，不一定吃很好，不一定穿新衣服，不也一樣過？

我有一個朋友，對自己要求特別高，高到我都覺得她變態了。有次聚會大家都說數她最有錢，運氣真好命真好，趕上了賺錢的好機會。她淡淡地說：「你要跟我一樣要求高，你也跟我一樣有錢。」

現在算算，那些我錯過的最好的時機，最好的市場，那麼多機會我想都不想就說不，遇到困難馬上就有想躲的藉口。如果把這一切都反轉，我至少多賺兩百萬人民幣。

不會的，要讓自己會，而不是推給別人；不懂的，要讓自己懂，而不是擺擺手放棄；與不斷被撐大的欲望相配對的，應該是不斷提高的對自己的要求。不要過快地否定自己，錯過的機會，一輩子只有一次。你沒那麼行，別想著拒絕之後還有人三顧茅廬。把「我不會，我不行」換成「我試試看」，多總結經驗教訓，別老給自己的失敗找理由。這是我辭職之後，花兩百萬學會的最重要的事。

別認輸，因為沒人希望你贏——用三年時間才明白的六個戳心現實

這幾天朋友圈很多人在洗版——回顧自己三年前和三年後的對比。大半夜的，我拿著手機也想寫寫自己的，卻總覺得我的三年前後，變化太大，大到這個小小的空間，有點寫不下。

三年前，我還沒結婚，在一個光怪陸離的辦公室小隔間裡，拚命地加班。那是我人生，甚至是職場裡壓力最大的一段日子，每天回家坐在床邊的地上，靠著床邊發呆，連燈都懶得開。半夜總是驚醒，總覺得有東西還沒做完。第一次做專案管理，第一次帶那麼多人，第一次跨組合作，第一次忙瘋的時候被老闆調走了人。連續熬夜了兩個多月，我的下眼皮出現了一條深深的眼紋。

當我把一切做得很漂亮，客戶為我們開了慶功宴之後，一直看不慣我的女主管跟我說：「我覺得妳還不夠用心啊！別問我為什麼，就是一種感覺。」

我知道，因為我在工作之外，還在堅持寫作，主管覺得我居然還能在下班後寫作，一定

是我工作量不飽和。雖然我後來換了組換了好主管，但這件事我依然記得，像一根針，扎在我心裡。

三年後，我不僅結了婚，有了愛我的老公，還有了一兒一女兩個孩子。我有自己的公司，自己的團隊，我做著辛苦但讓自己有成就感而且能賺錢的事情。我出了百萬級暢銷書，被翻譯成多種文字發行，兩次進入作家富豪榜；我有了自己的品牌規模，挑戰越來越多自己從未想過的事；我鼓勵我的所有員工，工作之外要多發展自己的愛好。明年，我還要引入專業經理人，讓自己的個人品牌，越來越專業越強大。

想要毀滅你的，會讓你變得更強大。三年，夠了。

過去的三年，我不敢說我做得特別好，但我能說，我一定盡力了。看看三年前照片裡的自己，時間寫在臉上，更寫在自己的越來越堅定的心裡。當然，過去每一年的「時間的朋友」跨年演講也都是我年底的期待，每年的演講稿都是看了又看，有一些金句寫在了時間的烙印裡。

今天，我想把自己印象裡最深刻的跨年演講金句，和自己這些年感受最深的幾句話與大家分享，這些話不僅僅是六個觀點，更揭示了這個發展迅速的現實社會中六個赤裸裸的真相。

1. 創業者的世界裡只有兩樣東西：有待解決的問題，和正在嘗試的辦法

一位朋友曾跟我講，自己做了老闆才知道員工和老闆的最大差距是什麼。作為打工者，每天只想別給自己找事，出了問題只問怎麼辦。而作為創業者，作為老闆，每天想的都是如何解決問題，自己還能做什麼。這是一個人創業之後最大的收穫，而這樣的思維方式，也是最終走向成功的開始。

2. 所謂更厲害，就是換個罪受

今天朋友跟我講她老闆特別有錢，每年投資理財的分紅就有上百萬人民幣。她老闆第一次創業做建材，第二次做餐飲，第三次就是現在，做新媒體。前兩次都以上億人民幣的價格把公司賣掉了。他之所以不斷折騰，只是為了實現創業的熱情和野心。所謂強者，就是不斷給自己沒事找事做。

3. 做一件有價值的事，一直做，然後等待時間的回報

這個時代不缺人才，更不缺財富，但缺少耐心。人心浮躁，光怪陸離，太多人堅持一禮拜看不到回報就立刻放棄。真正的創業者，需要的不僅僅是認準，更需要堅持。好想法不少，但能執行的太少。

4. 奮鬥的人兩會：必須會，一定得會

朋友圈看到一段話：「生孩子，明明知道痛，可卻還是生了。投資，明明知道有風險，但還是投了。一點都不想付出，卻想著月入過萬，十幾萬？那是做夢了。成功人的兩會：開會、培訓會。普通人的兩會：約會、聚會。窮人的兩會：這也不會，那也不會。奮鬥的人兩會：必須會，一定得會！」

5. 大多數人看見後才相信，但領導者和富豪先相信再看見

大多數人面對機會，總會問東問西，希望全世界的人讓你同意並支持自己，都不一定敢往前邁一步。倘若有一個反對的聲音，就能把自己陷入難以抉擇的深淵裡不能自拔。領導者和富豪的不同在於，他們先去相信一件事情，然後用自己的努力去證明自己所想像的正確性。

所以，你竭盡全力還是無法成功的最大桎梏，不是因為別人有心機有背景，而是你萬劫不復的內心。

6. 使用時間的方式，就是我們塑造自己的方式

如果你正在逼近中年油膩，如果你覺得大腦的運轉速度在慢慢降低，如果你看著日新月異的世界擔心自己被迅速落下，那打開內心吧，讓自己不斷歸零重建，瞭解世界變化，多關

注外面世界，才能更好地塑造自己的生活。

這三年來的你我，都有什麼變化？又有什麼心得？自己失去了什麼，得到了什麼，又對未來有著怎樣的憧憬和期待？「人生苦短這件事，我們會經常忘掉，所以，別認輸，沒人希望你贏——你再不努力，再不做點事，就真的來不及了。」

那些太想成功的人，最後都怎樣了？

前幾天第一次拒絕了一個客戶，時間緊工作重，我累極了，感覺沒辦法再拚上去打一仗了。

我是個從來不會拒絕工作，拚命往前跑的人，第一次拒絕，感覺我突然學會了放過自己。最近周圍很多朋友焦慮和憂鬱，在我們這個年紀，特別是周圍的環境都極度積極進取向上的時候，自己就會恐慌。稍微一鬆懈，就會落後別人好多好多。周圍的人都太拚太拚了，拚到感覺週末用來睡懶覺都是奢侈的。

朋友跟我說：「我現在最大的願望，就是扔了手機，一個人待會兒。」現在的工作都是用即時通訊送達了，隨便什麼事情開個群組就開始無盡地叨叨叨……看著就頭疼，還從來不分時間地點，夜裡十二點也照樣在說話。

以前不好意思退群組，後來有一天突然想通了，豁出去了，什麼都愛，就是不愛進一些根本沒什麼用，瞎客氣打招呼假裝很熱情的群組，一個個全退出來了。可能背後也有人在罵我，但自己聽不見，管他的。

三十歲之後最大的改變，就是自己特別篤定喜歡什麼，想要安靜淡然地過好自己的生活，不喜歡任何譁眾取寵的事情。開始喜歡慢慢地生活，比如喝茶，看報紙，喜歡傳統勝於新潮的東西。就好像你們都喜歡追各種日韓劇，我就一直追我的《鄉村愛情》。

你看，掙扎了那麼久，總想往新潮的方向跑，最後還是回去了，過成了一個老年人的生活，還挺心安理得的。

＊＊＊

前一次出差，順便還帶著兒子和家人一起。當時計劃了一些旅遊行程，裡外裡一算，正好出差賺的錢跟家人的機票酒店吃喝遊樂場要花的費用一樣。

我跟同事說：「天啊，這差事白做了啊！」

同事看了我一眼說：「妳這不就是白玩一趟嗎？多好！」

咦？這麼一想，心裡舒服多了。你看，同一件事情，角度不同，事情的性質一下就不一樣了。

有時候我們覺得緊張、焦慮和煩躁，其實都是鑽進了死胡同裡，心裡不肯放過自己。其實退出來，換一個角度想就海闊天空了。

有時候我們覺得自己不這麼做就表示自己輸了，其實沒人盯著你一直看，大部分人還都更加關心自己的生活，只是顧得上的時候看看你，所以別太把自己當回事。你輸了贏了其實沒多少人關心，其實也無所謂輸贏。

換句話講，輸了又能怎麼樣呢？太想成功，會成為人生的軟肋，把自己步步逼死，最後下不來台，也沒人在下面接著你。

樂觀和悲觀的人，看到的世界，真的完全不一樣。而不肯放過自己，多半是只看到了悲觀的那一面，一條道走到了盡頭。其實往回走走又如何呢？自己真沒那麼多的觀眾。

＊＊＊

上週上英語口語課，老師可能是一個新手，網路聲音沒有調試好，很著急但還是聽不到。他說特別希望我還訂他的課，他很想給我上課。於是我續訂了他明後天的課程，希望他的這份工作有一個好開端，讓他能有信心堅持下去。現在的我，總覺得別人不容易，要包容，要給別人機會，別占盡了道理就得理不饒人，可能是因為我老了吧。

同事跟我說：「以前特別不喜歡中庸，覺得那都是妥協，但現在到中年了，覺得傳統文化裡有很多東西，是順應天道的。」

旅遊的時候，不再刻意追求國外的各種高大上，反而是鄉村僻壤的古建築、長廊迴欄下的每一個雕刻裡都蘊藏著古老的文化。看一眼，眼前就開始有了充實的畫面感。開始喜歡生活氣息濃厚的電視劇，看來看去，還是《大宅門》能看幾十遍都不煩。

我發現我每天都在改變，在放過自己，不再糾結很多事情，變得跟我家的老人一樣。這讓我覺得驚奇，也覺得有趣。老公說：「估計妳老了就是跳廣場舞的那種老太太。」或許真的是，我可能到時候還能學會打麻將。

以前我特別害怕老，但當我真的開始有了幾根白頭髮的時候才發現，老算個什麼事啊！老並不可怕，可怕的是老了，還無法沉下心來去看待周圍的一切，還慌慌張張地生活。

人，總是年紀輕輕的時候不肯放過自己，年紀大了就什麼都豁得出去了。其實也不是豁出去了，而是內心有了更多的沉澱和積累，就不會再害怕不被認可，不會害怕被人背後說壞話。慢慢褪去浮躁，安下心來，看什麼都了然於胸。知道自己的使命，就不會人云亦云了。

學會柔軟，學會篤定，學會尊重不同，學會放過自己。

跳槽一次薪水翻十倍的人，都是怎麼做到的？

又到年底了，每個公司內部都開始有了些許蠢蠢欲動的聲音，拿了獎金就跳槽，成了每個年底最熱門的話題。每個想跳槽的人，都夢想著換一家公司就能過上自己想要的生活，然而現實總會讓人失望。

很多人跳槽，都只是覺得做得不爽了，老闆穿小鞋了，隨便翻翻網路上的需求，或者看到朋友公司有差不多的職位，就在匆忙中投簡歷。即使錄取了，換到另一個公司，工作跟以前差不多，只是薪水多加了幾千塊而已。這樣的跳槽看起來行動得非常快，也卓有成效，但只是從A坑到B坑裡，對自己的提升毫無作用，甚至有可能掉進另一個更深更倒楣的大坑裡。

我身邊有一個朋友，他第一次跳槽月薪翻了十倍，第二次跳槽他迅速進入了行業的高位，現在畢業剛剛十年已經財務自由了。之前聽過他的一個分享會，他的高薪跳槽有以下這幾個竅門。

1. 從入職開始，盡早著手打造一個行業稀缺的核心競爭力

舉個例子，在新媒體最旺盛的時候，大數據是一個國外才有的理念。我一個做業務的普通同事從國外購買了相關的書籍，並開始研究。等到全行業開始認識和研究大數據的時候，她已經成為大數據領域的專家，一年時間，從業務執行中迅速脫穎而出，成為跨國公司最年輕的總監。

2. 利用新媒體，建立自己名字的價值和影響力

比如現在的微信、微博、頭條、在行、分答、網路課程……這些都是能夠讓你迅速建立自己名字的影響力平台。看看現在網際網路上夠紅的各行業人才，他們的跳槽，簡直就是各路大神捧著錢來挖。

3. 做跨界達人，進入不同領域圈層，延伸自己的能力與人脈

「據全球人力資源服務機構 Kelly Services 與智聯招聘等機構聯合發表的《Kelly Services 全球雇員指數調研》顯示，在中國，許多職場人考慮動一下已不再是簡單地換個工作，而是離開熟悉的行業和崗位，轉投其他行業或領域，尋求全新的發展機會。」

由此看來，發展自己的不同領域的愛好，建立自己的跨界優勢，多參加集體活動，進入不同圈子，打造自己的跨界人脈，是跳槽翻倍的重要因素之一。

隨著網際網路的發展，跨界已經變得簡單又方便，越來越多的跨界人才在不斷湧現。今年全球特別熱門的一個概念「斜槓人才」（指一群不再滿足「專一職業」的生活方式，而選擇擁有多重職業和身分的多元生活的人群），其核心精神也是跨界人才。培養和擁有不同的愛好和身分，成了目前年輕人中一件特別流行的事。

但是，很多人空有這樣的目標，卻不知道如何實踐，或者做起來笨拙又費力，總覺得不得要領。作為一個從畢業就開始跨界，並且還算做得不錯的人，星姐再給你三個小建議。

4.思想開放，願意挑戰自己接受新東西

大多數人的好奇心，會隨著年齡的增長越發降低，到三十歲左右的時候，日漸故步自封、墨守成規，排斥一切新鮮事物，鄙視一切新思想新觀點，拒絕參加一切新活動。但縱觀同齡人中的佼佼者，一定是那些銳意進取，不斷創新，接受新觀點新事物特別快的那些人。

5.與專業人士系統學習新知識，而非自行摸索

跨界本身就要用更多的時間精力，因此在有限時間內高效學習尤為重要。從開始就向專業人士系統學習，而非自行搜索查找，是一個特別重要的特徵。自學看起來簡單又省錢，但會消耗大量的時間，還有可能誤入歧途。我最近熱衷於學習滑雪，請了一個滑雪教練，他在朋友圈寫了這樣一句話，我覺得很對：「網際網路時代，什麼都能自學，但專業教練的價值

在於細節。」

6. 拓展自己的業餘愛好，找志同道合的社群學習

現在什麼最熱門？那一定是個人品牌的建立。太多的人一頭跳進了瘋狂學習的汪洋大海裡，其中最流行的學習方式要數加入某個志同道合的社群，不僅有專業大咖能給你各種專業方法的指導，最重要的是大家在一起學習的氛圍，讓你更容易堅持，也更有熱情參與其中。

那個年入一千萬人民幣的人說，他是他們圈子裡最窮的

週末跟一個創業組織的人聊天，她說最近在準備培訓，上週忙著收集學員材料。因為我也創業，我就不要臉地問她：「妳說我算不算創業，能進你們那高大上的圈子嗎？」

她抬頭看了我一眼，翻了翻白眼說：「這麼跟妳說吧，這次學員登記，有個年收入一千萬人民幣的公司，他問他能不能不填公司盈利，實在沒面子。」

哦！

我想起了朋友小令跟我說，她的餐飲店開了全國十幾家，過年回他們村裡，她是全村兒最窮的……江浙一帶的商人有多厲害，我真是想都不敢想……我估計連進他們村的門票都買不起吧。

這兩年我最大的感受就是——自己沒見過的、不敢相信的事情太多了。這幾年我認識了很多人，他們都不能用優秀來形容，只能用「不是人」來形容。我經常潛伏在他們的群組裡，看他們聊業務的事，偷偷算一下他們賺錢的數量和速度……

之前看S老師的一篇文章，提到他圈子裡的各位大咖，春節只休息了一天，就進入戰鬥狀態了，我便摸著良心問自己，是不是過得太安逸了？

我問朋友：「你有沒有感覺到一個奇怪的現象啊，就是三十歲之前還沒覺得什麼，因為大部分人都在公司裡上班，領著死薪水就挺滿足的。但三十歲之後，身邊的人好像一下都暴富了，孩子培訓班花幾萬幾萬的不是件事，私立醫院高端醫療「唰唰」買單，房子說換就換，還有幾百萬辦移民啥的，怎麼都這麼有錢呢？」

朋友跟我說：「妳說的是不同人的思維方式和行為結果。這麼說吧，大部分的人，都是就喊喊我要賺錢我要有錢，但怎麼賺錢，完全沒有頭緒。心裡一邊構想著宏圖大志，一邊朝九晚五在家泡腳看電視，稍微努力點，就擔心自己過勞死。這樣的生活狀態，能按時領回來薪水就已經很不錯了，更多的就不要想了。妳看到的有錢人，他們的思維方式決定了他們三十歲之後過上怎樣的生活。」

我轉腦子想了想，從身邊的那些有錢人身上，我彷彿看到了幾個祕密……

1. 技多不壓身，擁有隨時轉換軌道的能力

過了三十歲，很多人都辭職自己獨立做了。這些人裡，有人依然做以前上班的那些事，但有些有其他技能的人，就不一樣了。技能越多，跨界能力越強，到處兼職的機會就越多。此時大部分人都已經有些資歷，靠自身資源和經驗賺錢，而不是靠時間。所以你發現，他們

好像一天天挺閒的，但錢多。這些錢，靠三十歲之前的積累和鋪墊。

我想起去年年底我收到過一位讀者來信，她給我發了一個資料夾的截圖，她給自己定了一個目標，一年學三十門課程。每個課程用心智圖做了詳細的筆記。這三十門課程，有我推薦過的，也有她自己找的。

她給我寫信，是想告訴我，一年前她就是個什麼特長都沒有的普通員工，過著無聊就打麻將的日子，她這一年最大的成就，就是逼迫自己成為一個能堅持的人，學到了不少特別厲害的技能。現在她用新技能不但成了公司裡的哆啦A夢，還結交了很多不同領域的各種愛好者和達人，人脈圈今非昔比。自己打算再在公司裡工作兩年，然後再靠自己在眾多技能領域積累的資源和人脈，出來獨立。

當時只是讚美她好用心，現在想來真是個聰明透頂的女孩。

2.你的格局和眼界，決定你的未來

做人跟開車一樣，要往遠處看，不能盯著自己面前一公尺的地方。別總自以為是，以為自己的認知就是全世界的真理。

見不得一點不同意見，看不了一點不同的人和世界，是人生進步的最大阻礙。

但凡對這個世界多點好奇心，對別人的成功多點虛心請教的態度，人生天天邁大步，速度快到自己都害怕。

此前寫了一篇文章，提到很多人用技能賺錢，一部分人嗤之以鼻：「騙人，呼攏誰呢！」

但你可能不知道：好的PPT美化設計，一頁報價一千元人民幣，而且一頁難求，給錢都要約排檔期；我老家樓上的英語老師，下班時間在自己家裡做英語培訓班，五年就買了新房子；小時候跟我一起學書法的同班同學，她現在是老家有名的兒童書法培訓學校校長，分校開了十幾家；我高中的語文老師，十年後已成為語文一霸，現在網路上教語文課，月入十多萬人民幣；都是身邊的人，做著我們想都不敢想的事。很多人不是沒技能，是壓根沒想過；很多人想過，但想想太麻煩了，週末不能睡懶覺了，算了吧！

3. 你看不上的事情太多了，難怪賺不到錢

以前我哥做商學院老師的時候，跟我講過一件事。他有一個學生，現在做內衣創業，在網路上賣得超級好，還給我快遞了兩件。據說他最開始家裡困難，但發現老家沒有賣女性內衣的好店，於是就在老家路邊開店。一個男的賣女性內衣，真是難為情，很多人罵他，覺得他有病。

賣了一段時間他發現，很多歐美大牌的內衣，並不符合中國女性的胸型，因此他開始自主研發設計。他沒什麼本事，只能把錢都投進去，請行業裡的專家幫他。我哥認識他的時候，據說已經做到很大了，在淘寶上也已經數一數二了。

很多人只看到了事情很 Low，卻沒看到這背後的能力，自己是否有呢？很多人都覺得自己是做大事的人，小事不是自己擅長的，請問你是擅長發射衛星嗎？

4. 你要有口猛氣，別有那麼多玻璃心

我曾收到一個讀者評論，可以說看到很驚喜，也很感動。

他說：「只有朝九晚五的工作後依然努力的人才相信星姐的話。我在四線小城生活，辭職前年收入就是薪水加一點點專案收入，公司穩定但管理嚴格。辭職後用自己的專業賺錢，收入不只翻兩倍。雖然並不知道這樣的收入水準能持續幾年，但是當環境逼自己到某個節點的時候，只能不斷地拓展自己。剛媽媽還說，這個假期挺安靜，沒有人打電話說工作的事情。我說，恐怕以後除了過年的幾天，就一直會是全年無休狀態吧。」

現在年入百萬人民幣根本沒有年齡差距，九五後年入百萬也有的是。關鍵是，這種人總是少數，現在大家都很焦慮，能沉下心來好好做事的人鳳毛麟角。大部分人只是惶惶不可終日地混著，以為焦慮了自己就充實了一樣。

我觀察過很久我周圍收入高的人，無論辭職創業的，還是下班後有第二職業的，這些人的一個共同點就是，憋著一口猛氣，使勁兒往前衝。

具體怎麼表現呢？

隨時隨地在工作，做什麼都像打了猛藥，根本不用別人催，高度自覺高度自律，求他都不想休息，每天戀戀不捨地去睡覺，下班只是換了家裡的辦公桌繼續做而已。

你經常會覺得，那些成功的人，總是像開了外掛一樣，做什麼都順，那是因為他們做什麼都憋著一口氣，整個人的狀態隨時隨地要戰鬥，這種精氣神，做什麼都能贏。

我的朋友林光鋭說過一句話：「個人觀察那些官員、老闆、高管群體，基本沒有法定節假日週六日的概念，他們是想休息時就主動調整自己的節奏。慢下來就是休息，學習鑽研就是休息。」

普通人才有節假日、週六日的概念，所以他們的週六日基本是睡覺補覺，還有工作忙碌後的不知所措，所以需要用電影、電視劇、遊戲、打牌、喝酒等負向迴圈的事情去填充，這對於他們來說又是一次消耗，所以上班累、休息更累。

還是那句話，你要想有錢，你要去追錢。如果你連賺錢都要別人開導你，都要人盯著、看著、哄著、鼓勵著，勸你還是別幹了，你就應該窮。

三十歲之前最後悔的十件事，一輩子都沒機會彌補了

一眨眼就三十歲了，古人云三十而立，儘管表面上看沒什麼大錯，生活工作都很順利，但總有一些看似不起眼的小事，做錯了一輩子都沒機會再彌補。

1. 只在一個行業做了八年，沒有嘗試過其他工作

從大三實習開始就從事公關行業，一直做了八年，直到辭職。這期間沒有嘗試過其他行業，連相關行業都沒嘗試過，這是迄今最為後悔的一件事，這讓我在理解很多事情的時候眼光和視野很狹隘，容易靠自己的猜想來思考問題，而不是根據客觀事實。沒經歷過就不會懂，沒見過萬千世界的好與壞，就無法在未來選擇更多。年輕的時候拓展自己的眼界，做做不同的事情，非常有必要，等年紀大了想換行業開眼界，成本已經高到換不起。

2.沒有早點生孩子

沒孩子的時候覺得不想要孩子，孩子太煩人了。生完孩子以後發現生晚了，我二十九歲生第一個，三十歲生第二個，無論是懷孕還是生子還是產後，再加上工作，還是很辛苦的，體能的挑戰很大。看看周圍二十五歲生了孩子的，現在孩子都能幫做家事了。有個朋友畢業就生孩子，現在孩子都小學要畢業了，她現在想幹嘛就幹嘛，孩子已經完全獨立，想去哪兒說走就走。想想未來，我五十歲的時候孩子才上大學，越想越鬧心了。

3.沒有太多時間去交友

我的大部分時間用在了工作和個人愛好上，沒有太多時間跟朋友們出去玩或交流感情。大部分的朋友都是同事或網友，少有特別親近無話不談的朋友。我經常想，如果有一天我有了困難，需要給朋友打一個電話，我該打給誰呢？

4.想太多，總是親力親為，責任心過重不灑脫

我自己個性太過獨立，不依賴任何人，不太容易信任別人，什麼事情都自己做，自己操心，不敢放手，不敢放權，這麼多年工作下來非常辛苦，無論什麼時候都親力親為，思想上做不到灑脫，責任心過重，用助理的話說就是：「一看就發不了大財，想太多。」

5.生活得一直很循規蹈矩，很正經

作為一個曾經的年輕人，生活一直循規蹈矩，連一次夜店都沒去過。現在看到朋友圈裡很多小朋友晚上出去喝酒出去浪環遊世界逛大街都很羨慕，如今的我拖家帶口的也不好出去混世界了，不過就是好羨慕啊。一直過得太保守太正經了。年輕時候不去肆意瀟脫，有了拖油瓶就浪不起來了。

6.上學的時候不夠努力，囿於慣性的偷懶思維阻礙了自己太多

小時候學習經常偷懶，總想著今年上完某些內容再也不用學了，但這種每年都不求甚解的習慣積累下來，形成了一種慣性的思維模式。名校和非名校的區別還是很大的，最重要的是資源和思維方式的區別。現在自己知道勤奮了，但已經錯過了上學的時機，只能用努力來彌補了。

7.拒絕壓力和挑戰，讓自己錯失很多好機會

有段時間我過得特別安逸，不想額外承擔任何事情，也不想做任何挑戰，天天吃老本，誰跟我說賺錢的事我都聽著累。吃老本的日子也不好過，每天生活在誠惶誠恐裡，總覺得未來很快就沒錢了，但也不想做任何改變。當時有很多事有很好的機會，但就這樣錯過了，可能一輩子再也遇不到那麼好的機會了。

8. 對物質沒什麼興趣，缺乏對美好事物的期待和欣賞能力

很羨慕別人對物質有要求，吃美食，買包包，買好看衣服……我是個對物質沒什麼要求的人，怎麼都能過，什麼都能湊合，雖然這樣很隨遇而安，但生活品質總也提高不上去，沒有對美好事物的期待和欣賞能力。

9. 太在乎別人的評價，很多事情沒法放開手腳去做

年輕的時候特別在乎別人對自己的評價，一點壞評心裡就攪和得特別難受。儘管知道無法讓全世界都喜歡自己，但還是無法灑脫地放開。雖然現在已經完全不在乎了，但曾經的這段經歷，對自己傷害很大，並且很多事情當時沒法放開手腳去做。

10. 花太多精力教育別人，浪費了很多時間

好為人師，是最大的問題，看不慣周圍的人，總會不由自主地教育別人。對方未必聽，可卻浪費了自己大量的時間和精力。年輕的時候特別怕別人不知道自己，總是想盡辦法地招搖，年紀越大才越明白，過好自己的生活，別給別人添麻煩，別去禍害別人，就已經是每個人盡全力都不一定能做好的事情了，犯不上滿世界給自己刷存在感。

你以為窮是因為賺得不夠多？

跟一個老闆朋友的助理一起聊天，她拉著我說：「星姐我跟妳說，我老闆永遠都會有錢，她的思維方式跟我們不一樣！」

我問她：「快跟我說說妳那老闆有多不一樣？」

她說：「星姐妳看，我們賺錢是為什麼？是為了花錢，為了買自己喜歡的東西！我老闆不是，我老闆就喜歡數『0』，就喜歡看到帳面有很多錢，她就為了高興，覺得自己比別人更聰明！我們從開始就輸了。

「我老闆家有三個孩子，一般人有三個孩子壓力老大了，我老闆不，她說她三個孩子將來一人學一門特長班，回來教另外兩個，不教就不讓你學自己喜歡的。

「我老闆化妝品就用二十塊錢人民幣的國內品牌，孩子的衣服都是四手的，雙胞胎的衣服就沒有一樣過。她大兒子六歲已經打算給自己爸媽打工了，還要求工資多給點。

「我們都說我老闆這簡直缺乏母愛啊，但是說真的，未來他們這一代孩子將來進入社會競爭的時候，我老闆的孩子肯定競爭力極強。」

這是個多麼變態的老闆和媽媽啊，但仔細想想，我們跟這些富人的差距，從一開始就拉開了。

這麼多年，我就特別喜歡跟周圍的富人在一起，不是因為他們有錢，而是因為他們的富人意識，讓我特別受益。他們對人生很多問題的看法和做法，跟我這種普通人家出來的孩子完全不同。雖然我賺錢不少，但在心裡和意識上還覺得自己是個窮人，因此他們所說所做的每件事每句話，都讓我覺得眼前一亮。今天我們就來一起分享下，這些年，富人教給我的那些事。

◎金錢意識

想要有更多錢，首先你要敢說出自己愛錢

想要有更多錢，首先你要敢說出自己愛錢。很多人自己想要錢，但不好意思說，覺得特別俗、特別土，就跟你有多洋氣似的。有的人想要有錢但賺不到，就去壓迫別人；還有一種自己沒本事賺到錢，就雲淡風輕地說：「錢多錢少都一樣過，我覺得我比有錢人過得舒服。」

用錢就是為了錢生錢，不是為了亂花錢

我有次去了上海頂級的懷石料理店，店主是個年輕的女孩子。這家店一天只接待二十個晚上的客人，從不翻桌，我們還是託了關係才訂到中午的位置。店主接待了我們一會兒，就告辭去了隔壁法式餐廳，那也是她的產業。她主動告訴我們：「法式餐廳是一個自己給自己的禮物，本來過生日想用十萬人民幣買個包，但最後決定還是把隔壁要低價頂讓的法式餐廳接手下來。同樣是十萬塊錢，法式餐廳可以升值，如果買了包包，可能已經扔在櫃子角落裡了吧。」

專注賺錢，而不是如何省錢

以前經濟危機的時候，各大論壇裡有一個話題特別熱：「如何用一百元人民幣過一週？」很多人介紹了節衣縮食的好方法，為一禮拜省了二十塊水果錢而高興。但如果把這點工夫用在努力賺錢上呢？還是以前那句話：有殺價的工夫，不如多賺錢。

目光長遠，敢於承擔風險，並為風險暫時承擔辛苦

我的一個朋友的同事十年前買的別墅，一百二十萬人民幣，當時頭期款是二十萬人民幣。

他借了三十萬人民幣，自己出了十萬人民幣，買了兩棟，為此辛苦還錢拮据了很多年。

現在兩棟別墅的價格月租一棟六萬人民幣，賣的話一棟兩千多萬人民幣。現在他兩個兒子在國外讀書，學費都來自房租，一點壓力負擔都沒有。加上自己事業也到了巔峰，收入不低，自己和太太生活過得可滋潤了。可當年，誰會借錢在荒郊野外的地方買房呢？

很多人都覺得買房子要節衣縮食啊，好辛苦啊，但人到中年你賺的錢可能買房還要節衣縮食，再加上上有老下有小，還要還房貸可能根本就買不起了。自己窮，還要拖累著老人孩子一起過得艱難，這才是人生最悲苦的事情。

◎做事思維

抓住一切能讓自己賺錢的機會，不怕麻煩不怕有野心，才能實現爆發式成長

十年前剛入職時公司合作的快遞小哥，每天幫我打包公司拍片用的各種衣服包包寄到全國各地。我記得他問我為什麼不能在北京拍，我說因為有些要求的攝影棚在不同地方。不久後我很少見到他了，以為他辭職了。

去年我聯繫到他，他已經在全國開了數十家專供大品牌拍攝用的影棚，早就成了大老闆。難道我們當時沒看出來這個市場嗎？我們不是沒看見，我們作為一線的執行人員，完全可以看見，但太懶，也沒野心而已。

注重自我投資，在知識積累和人脈建設上捨得花錢

有朋友問我，圈子裡的某某是如何認識那麼多強者的？雖然他是很強，但最開始的時候怎麼得到機會的呢？我說，因為他一開始瘋狂給大咖們每天網路打賞，打了二十多天，終於換來強者一個回覆。發現強者需要幫忙的時候，立刻馬不停蹄地免費幫忙，得到強者們的信任和好感。還有平時自己吃到好吃的好玩的，都不忘給強者們也買一份分享。當你讓別人覺得欠你的，對方才會無條件地時刻幫你，把你帶入他們的圈子，介紹給更多的強者。

你以為這是拍馬屁嗎？這是人脈投資。正因為你學不會，所以你根本混不進人家的圈子，也沒法認識更多強者——捨不得孩子套不住狼。

遇到問題不抱怨，不找理由開脫自己，而是尋找解決方案

以前剛入職的時候，大老闆跟我說：「職場上遇到任何問題，不要光提問題，要在提出問題的同時，給出一個你認為最好的解決方案，否則你不要說話。老闆是找你來做事的，不是找你來提意見的。」

越是成功人士，每天遇到的問題和麻煩越是比我們多得多，但他們比我們更能幹的是，他們給每一個問題找方法找答案，而不是徒勞地抱怨和憤怒。

一切有利於自己進步的狂吸收，熱衷於新鮮事物

有天看到一段話，普通人看到新鮮事物的反應：看不見，看不上，學不會，跟不上。成功人士看到新鮮事物的反應：找人學，花錢學，趕在所有人前面學。

對自身要求高，喜歡挑戰，迎難而上

平定刻花瓷大師張老師跟我說過：「我們家祖上三代都是做刻花瓷的，如果我就是繼承手藝做下來，那我早就會了，但我的目標是把刻花瓷做成國家非物質文化遺產，讓這門技術在我這一代手裡不僅僅是繼承，還要發揚光大。如果我每天只想著做幾個就夠買菜錢了，那這一輩子也就那樣了。」

「妳別這麼拚，別比妳老公強了，妳可是個女人」

出生在農村的小Y，從小就生活在有著重男輕女觀念的家族裡，家裡只有奶奶和爸爸最愛她，可惜爸媽離婚了，她一直跟著奶奶長大。她發誓為奶奶努力奮鬥，可自己真的有幾百萬人民幣在戶頭裡的時候，奶奶已經去世了。

「自從我奶奶去世後，我覺得，這世界上沒有人愛我了。」

穿著Prada，提著Chanel的小Y，已經成了大城市的金領，但依然無法從自己心中的深淵裡走出來。

她跟我說：「我十八歲的時候，我爸去世了，我家親戚讓我嫁給村裡開小店的男人，因為對方說可以給我弟買房子。我罵了他們，上大學逃出來了。我一直以為，我長大了我媽會對我好一點，現在我才明白，我媽對我好，是因為我有錢，她只是想從我這裡騙錢給我弟。

「我的朋友都覺得，我現在賺錢多了，脾氣也大了。其實我從小脾氣就很壞，因為他們都喜歡我弟，覺得我是女孩子。

「這麼多年，我拚命賺錢，我一直以為我是因為窮才沒有安全感，等有錢了我才知道，我的不安全感是我媽不愛我，她覺得女孩子就是不值得被愛的，因為她自己就是被這樣對待長大的。她只能用這樣的方式對待我。這麼多年，她都沒有試著去做一個有責任心的母親，她的世界觀從來沒有變過。而最讓人絕望的是，無論我怎麼做，怎麼對她付出，她都不會愛我。」

儘管小Y已經很有錢了，但我總會看到她在光鮮背後的眼淚。她好像也很少跟我說好事，一開口準是家裡媽媽來投奔她了、弟弟問她要錢了、村裡七大姑八大姨又怎麼議論她了……

重男輕女的梗，像一根針，牢牢扎在小Y的心裡。

＊＊＊

現在反過來了，很多人想要女孩，特別是城裡。如果生了兩個男孩，感覺就是個災難。為什麼想要女孩了？因為生活壓力大，男孩子要給買房買車娶媳婦，女孩不需要這麼多東西。這樣聽起來感覺更像一場災難，而且是升了一級的重男輕女，為什麼女孩就不需要給了呢？我也有女兒，我從來沒覺得養女孩省錢，甚至覺得養女孩更花錢。如果將來兒子女兒自己能幹，那都自己買房買車。如果將來不太能幹，那就一人給一套。

無論在任何環境裡，自己手裡有，就是底氣。結婚是兩個家族的事情，娘家的底氣，就是女兒結婚後的底氣。我見過周圍至少三個朋友有孩子後三個月就開始鬧離婚，但又不敢離，因為離了沒地方去。

自己錢不多養不起孩子，關鍵是沒房子，根本沒地方去，帶著孩子離婚，更是個災難。於是，只能忍著一切不舒服和不高興。房子是老公家買好的，家裡經濟支柱是老公，每天唯一的念想就是出去上班，才能呼吸一口新鮮空氣，但卻沒什麼時間精力去換一個更好更賺錢的工作。

老公隨口一句「妳以為我養妳和孩子容易嗎」，就可以讓妳無法還擊。

有一次有個媽媽跟我講：「星姐，我有了兩個孩子之後就辭職了，沒有收入，每天都是孩子的吃喝拉撒，老公對我不錯，但沒經濟收入讓我很恐慌，很害怕。現在我的脾氣變得很差很差。」

我也不知道怎麼來安慰她，但我超能理解那種長期憋在家裡，想痛痛快快走出去玩玩，卻又沒錢又不敢，還怕玩High了被家人罵的那種心情。沒人對她不好，但自己沒有，就要什麼都聽別人的。

生女孩真的什麼都不用給嗎？除非女兒自己很有本事，或者對方也沒給啥，大家打個平手吧。

＊＊＊

很多時候提到重男輕女，女生們都會奮起反抗，最常用的一句話就是：「你家有皇位要繼承啊？」

但其實最為根深蒂固的重男輕女，在女生自己的腦子裡。如果說，來自男性對女性的歧視，我們每時每刻都在抗爭，那麼來自女性內心的——自己瞧不起自己的想法，要怎麼對抗呢？

祖克柏和太太結婚的時候，大多數人只看到一個又醜又胖的女人，嫁給首富小祖，一定是小祖瞎了眼，太不登對了。但沒人看見普莉希拉是哈佛醫學院的學霸、慈善家、兒科醫生，並且擁有很高的個人成就。即使普莉希拉入選全球百大最具影響力人物，並登上《時代》雜誌封面，也依然有人認為，是因為背後有 Facebook，否則她的基金就不會存在。

郭晶晶嫁給霍啟剛，很多人認為她不算好看，衣品又差，不會打扮自己，還買地攤貨，在豪門裡肯定過不好。沒想到人家過得比誰都好，還上電視撒狗糧，你忘了嗎？郭晶晶是世界冠軍啊，豪門千千萬，世界冠軍有幾個？

我最喜歡的章澤天，我 Instagram 唯一關注的人，每次看到她的更新都覺得好美。你只看到了她嫁給了有錢的劉強東，但沒想過劉強東見過多少美人，為什麼唯獨娶了她？懷孕期間挺著大肚子學習財務知識，拿到了義大利博科尼大學的「私募股權和風險投資」課程的線上證書；產後迅速瘦身，學習掌管家族財務、投資數十家公司。成為京東老闆娘後的每一天，對她來講，不是你想的那樣，天天躺屍或者買買買，而是早晨八點就去公司開董事會。用英文與世界名人、名媛侃侃而談的才華，不是嫁給富豪就能自動擁有的。

不說名人，就連同學聚會、同事聚會上，如果提到某某現在混得很不錯，大家第一反應準是：「她老公是做什麼的，很有錢吧？」

以前有一次朋友聚會，見面大家第一句話跟我說的就是：「妳老公那麼能幹，妳這麼拚幹什麼？別比妳老公強了，妳可是個女人啊。」

攤手。

女人對女人的嫉妒，其實是蠻可怕的，可以瞬間翻臉，成為陌路人，只因為妳過得比我好。

很多女性自己覺得，女性自己不可能靠自己買房，不可能靠自己付得起特別棒的房子的租金，不可能有能力過上特別好的生活。

工作能幹，肯定是因為與男上司有染；生活優越，一定是因為老公或婆家是個靠山；如果真的什麼都不靠，大齡未婚女青年爬到高位也會被人說「這麼大了沒人愛，好可憐啊」之類的話。

而這一類嚼舌根的話，通常出自女性自身口中。重男輕女這個梗，我倒是覺得並不怪誰。什麼時候從自己心底深處，把這個梗徹底挖出來，學會相信別人、讚美身邊比自己好的女性、欣賞優秀女性的才華，並願意盡自己的努力做點事，哪怕並不賺錢，哪怕成就很小，但只有自己開始打破「女人就要靠男人」這種固定思維，妳才有資格指責別人的重男輕女思想。

就像小Y說的：「我媽從來都覺得女人不應該被愛，所以她不會來愛我。」如果妳從來都覺得女性不該靠自己成功，女人就應該弱小，那妳還指望誰高看妳呢？

第三章
餘生很貴，別在瑣事上糾纏

餘生很貴，真的很貴，
貴到了我們要拿自己最寶貴的時間和精力去對賭。
你要明白自己的價值，
你要明白自己的身分，
你要明白自己的理想，
不要在細枝末節的瑣事上糾纏，
去做你重要的事情。

客戶問我為何這麼拚，我解釋完，她號啕大哭……

有天晚上快十二點了，客戶問我：「為什麼這麼晚找妳妳也在，妳為什麼這麼拚？」

本來想貧嘴一句就不正面回答了，因為真的回答起來，理由太多了，但看她認真的樣子，我跟她說：「因為我是個有目標的人吧。」

客戶問我：「妳的目標是什麼？」

我說：「我算過一筆帳，特別可怕，孩子上學之前，我想還清房貸，無負擔，可現在銀行還有幾百萬人民幣要還；存夠兩個孩子上到高中的所有費用，大概二十年時間，無論公立私立特長班補習班，兩三百萬是需要的；家裡三個老人，給每個老人準備至少一百萬醫療費，才有底氣跟醫生說要最好的藥；給自己準備提前退休的錢和足夠的養老金，找人算過，至少也要五百萬。而且這只是個基礎，比如可能醫療費一百萬不夠，未來孩子出國留學的錢還沒算進來，通貨膨脹還沒算進來，想想這裡裡外外都需要錢，怎麼也要有兩千萬吧，怎麼能不拚呢？我不想，人到中年，孩子上學要命，老人生病要錢，房子貸款還不清，自己身體漸漸差了還拚不過年輕人……俗話說的，人到中年上有老下有小，不就是這樣一個境地，關鍵是叫天天不應，叫地地不靈。周圍的人都對你虎視眈眈，大城市裡都自顧不暇，誰有閒工夫幫你？我不能讓自己掉入這種陷阱裡，我父母都是普通人，我全要靠自己，我必須提前努力。在別人睡覺打牌打麻將聊天的時候，努力地比別人更努力，我不想讓自己成為這樣疲憊的中年人。」

＊＊＊

前段時間朋友父親去世，他跟我說：「妳知道嗎？我爸這個病，如果去美國有機會治好，但要花一千萬人民幣，我沒有。我爸說不去美國，不治了，然後我爸就沒了。」

我安慰他：「有一千萬去美國也不一定保證治好，你也不要自責。」

他跟我說：「我明白這個道理，我爸病友去了美國也沒治好。但我覺得，多少是個機會，沒能力讓他去是我的失敗。」

有句話說，沒到醫院你不知道錢有多重要。如果不是我媽去年進醫院做了一個大手術，我可能也不會知道。

住院手術押金進門一次要交十萬。上了手術臺，押金裡的錢就用光了，加護病房一天一萬多，如果恢復不好一住幾十天，你想都不敢想，有些病即使治好了，術後養護保養的費用一年可能幾十萬人民幣……很多時候錢就是命。

我這麼努力，就是希望有一天，我的家人如果需要醫療，我能跟醫生說一句：「用最好的藥，不用擔心錢。」就是買保險，我也要買得起保障最好的保險。

但就是這麼一句普通的話，需要付出的心力，絕不是簡單的朝九晚五，下班看電視週末打麻將就能有的。我們都是獨生子，上有老人，下有孩子，都需要我們來管來顧，沒有兄弟姐妹分擔，社保的報銷額度越來越少。等到家人生病的時候，難道去訴說自己的悲慘故事來籌錢嗎？

＊＊＊

獨生子女到了最筋疲力盡的時間了。

單身的時候，一人吃飽全家不餓，但結婚之後就是兩個家庭在一起的事情，需要房子需要家，老人要照顧，孩子要養育，所有成本打著滾地翻。最重要的是，家裡的事越來越多，自己的年紀越來越大，你能放在工作上的時間和精力就越來越少。

上週女兒生病，緊急直接送醫院，老公立刻從公司往醫院趕。我媽前兩個月術後不穩定，心跳每分鐘一百六十次，立刻叫救護車送到了醫院的急診……

很多人問我每天忙什麼，除了工作，還有家裡的大小事，我跟老公都要隨時照應。我還記得我媽住院的時候，我每天白天在醫院，晚上十點回家，基本上已經頭痛欲裂。幸運的是，壯如牛的我，吃了二十天病號的剩飯，還吃胖了。

年紀越來越大，工作也越來越複雜，努力進化，還是趕不上年輕人的反應和執行速度。每次行業新動向，都是年輕人都要玩翻了，我自己還沒反應過來。等自己開始上手了，紅利的高峰期都已經過去了，只能撿點殘羹冷炙。辭職之前，我有很多優秀的同事，很多都是清華北大哈佛劍橋的，連實習生都是高考狀元。他們的能力和才華，他們的心胸和格局都讓我仰慕。我一直覺得自己跟他們差距很大。我眼界太狹隘，所以時常想想這樣的人，就深感自己太差，更要努力更要拚。

＊＊＊

客戶聽我說完，就開始號啕大哭了，她就問了我一句話：「星姐，我從三十歲開始努力，還來得及嗎？」

來得及，人生任何一個時間開始都來得及，關鍵是你要行動起來，而不是嘴上說說「我好窮啊，我要賺錢」，然後吃喝玩樂比誰都 High。

看看身邊的年輕人，中年人，再看看自己，自己想要成為怎樣的人，一目了然。你想成為怎樣的人，你看不上怎樣的人生，其實你的未來，都來自你當下的今天。別看不起窮人，也別看不上有錢人，風水輪流轉。曾看過王耳朵文章裡的一段話，深以為然：「為什麼年輕時要努力賺錢？不是為了成為富豪，也不是為了享受，而是有一天，你有底氣說，我可以過上更好的生活；你也有底氣對親人說，親愛的，別怕，一切有我。」

只要你過得比我好，我就特別受不了！

「朋友圈？那不都是妳好朋友嗎？」

朋友突然辭職了，紅著眼睛來找我。今年升職加薪沒有她，原因是主管認為她沒有全心全力地工作。當然，主管是沒時間沒精力一個個過問和觀察員工的，她只是被人陰了。

我問她：「妳這麼乖順的人，能陰妳啥啊？」

朋友說：「主管跟我談了一下午，其實就是勸退，很多話我聽得莫名其妙的，最後說是同事說的。說大家經常看見我朋友圈裡參加各種活動的照片，都覺得我上班不用心，可能要跳槽了。」

我問她：「朋友圈？那不都是妳好朋友嗎？」

說完這話，我也愣住了，朋友圈裡，早就不全都是好朋友了。就算是好朋友，也不一定是真朋友啊。朋友跟我說，她以為朋友圈裡都是朋友、同事的，大家對她經常發的內容還按讚留言的，還有很多人想跟她一起參加各種活動。可沒想到，有人添油加醋，帶著自己的想像力給她背後捅了一刀。而這個人是誰，自己卻根本不知道。他就隱藏在自己的朋友圈裡，現在還在。

朋友圈已經從私密朋友平台變成了公共場合

現在關於朋友圈的討論很熱，很多人刪了朋友圈，很多人只開放三天，很多人很少發朋友圈。每天沒事的時候翻翻朋友圈，已經沒什麼好玩有趣的事了。朋友圈已經從私密朋友平台變成了公共場合。對方不一定是朋友，你們互相關注，可能僅僅為了當時的某一件小事，但後來彼此並沒有刪除。

有時候翻朋友圈你會發現，這個人是誰，當時為什麼加上的，自己已經完全忘了。當你發現通訊錄裡大把的人都不知道是誰，但他們每天都在看你發出來的生活細節時，不免會覺得有點兒奇怪。

有個朋友跟我說，老婆禁止他在朋友圈裡晒娃，因為一個生意人，江湖上人心難測，這麼輕易地就能看到你孩子們的照片，經常去哪兒，在哪兒上學，也是挺毛骨悚然的一件事。

但是，比加了一堆陌生人更可怕的，是朋友圈裡那些表面給你按讚，但內心特別討厭你的人。為什麼要討厭你呢？你去度假了，秀恩愛了，晒孩子了，吃大餐了，週末去浪跡天涯了……寫的內容每一條都可能刺痛了對方的玻璃心。

每個人在朋友圈裡晒出來的，都是自己最光鮮的一面，有些玻璃心看到你過得那麼好，憑什麼自己苦哈哈的沒錢最累還受罪？一次兩次看熱鬧，多了免不了心生嫉妒和出現其他情緒。

不僅如此，你在群組裡打哈哈的話，也會被某些人瞬間截圖發給別人，因為你的風頭太盛了。你可能覺得自己也沒發什麼，不至於吧，自己平時挺與人為善的，沒什麼仇人吧。也談不上是仇人，只是看你不順眼背地裡說你的壞話而已，你朋友圈裡透露出來的每一則資訊，就足夠他造謠中傷你。

你的朋友圈，正在暴露你所有的人設

前段時間一個大咖在朋友圈裡談到某個小鮮肉明星，結果第二天他的微博就被小鮮肉粉絲攻擊了。很顯然，有人把這條朋友圈截圖發給粉絲群了。是誰呢？誰知道呢！反正就是朋友圈裡的人唄。有時候你翻翻朋友圈，發現有些人好像你好久沒看到過，再翻翻朋友圈，發現早已經把你刪了。但其實，你根本不知道自己做錯了什麼。還有的時候，你剛想說話，發現看不到對方的朋友圈了，人家把你給封鎖了。想問句為什麼，卻不知道從何開口。朋友圈真是個考驗友情的好地方。

當然，我們也會有一些看不慣的人。有的人一天恨不得發二十條狀態，有的人每天都是吃吃喝喝演大片一樣，有的人每天都在自誇和自拍，有的人天天在朋友圈裡炫富。看得多了，不免生煩，順手捨棄追蹤或封鎖。只是，當你表達得越多，你的人設就暴露得越多。除了那麼一些交好的朋友，朋友圈裡的人，真沒有你想得那麼親密那麼好，他們也不一定能接受你過得那麼好。

只要你過得比我好，我就特別受不了

幾天前，有個朋友問我知不知道，一個共同的朋友是不是離婚了？我挺驚訝的，我們關係這麼近，我怎不知道呢？朋友說，你看她朋友圈最近寫自己一個人帶孩子睡覺啥的，分居了？還是離婚了？

這驚得我一臉問號！我朋友圈裡有一些紅人朋友，經常看到這個被抹黑了，那個被撕破臉了。彼此一說起來，都不知道誰幹的，但看發文裡的內容，都是自己朋友圈隨口說說的事，但分分鐘被人歪曲事實，繪聲繪色地講出一個自己都沒聽過的八卦來。

成年人的世界，不是你好我好大家好，也不是大家都一個價值觀。彼此之間看不慣，也不會當面翻臉，但這並不影響他們成為討厭你的人啊。只要你過得比我好，我就特別受不了，變成了很多人心裡的小劇場。

不信你在朋友圈發一個「好難過」，一定會炸出無數人問你「怎麼啦」，其中一部分人是真的關心你，還有一部分不嫌事情大的，只是想等著看你的笑話而已。

看到一本書上寫斷捨離，其中的一條是「每天刪掉十個朋友圈好友」。乍一看一個頓悟，或許，我們是該清理一下朋友圈了，就算你已經什麼都不發了，至少你得知道，加上的那個人，到底是誰呀！

你發現了嗎？越來越多的人關閉了自己的朋友圈

翻朋友圈的時候，發現好多人都消失了。起初以為是不是我太不要臉了，都刪了我了。結果打開還是能看到一兩條資訊，但也就那麼幾條就沒有了。不可能大家都閒得刪了自己的朋友圈，只可能是關閉了。

我更新了微信，果然新增了只允許朋友查看自己近三天的內容。我自己也在前不久只允許展示半年的朋友圈，其他全部關閉了。其實不是大家不看朋友圈了，而是不想看了，也不想發了，心累。

本以為能過上高效人生，結果過上了越來越萎靡的人生

去年特別提倡「碎片化」這個概念，很多人趨之若鶩，簡直是讓自己過上高效人生的聖經，但實踐一段時間後發現，碎片化的學習，不僅讓自己的知識體系越來越找不著方向，同時也把自己完整的時間都碎片化了。更重要的是，現在太多東西手機上可以搞定，於是上下

班路上，等吃飯的時候，排隊的時候都拿出手機看兩眼。最後碎片化地學習了多少不知道，反倒手機依賴症越來越嚴重了。

手機依賴症是個太可怕的事情了，不僅消耗了時間，更吸走了我們所有的注意力和精氣神。就拿我自己來說，如果今晚沒事躺著滑手機，通常能滑到睡覺的前一刻。本來打算一晚上看看書、聽聽課，結果什麼都沒看，還特別累，身體累眼睛累，睡覺的時候心裡還特別懊惱。但看了一晚上手機裡的碎片化資訊，得到了什麼呢？什麼都想不起來。

注意力分散了太多，手機依賴症越來越嚴重，碎片化資訊的真假程度也越來越難以辨認。本以為能靠科技進步過上高效人生，結果過上了越來越萎靡的人生。

陌生人越來越多，發朋友圈越來越不安全

朋友圈裡一定是朋友嗎？太多的人已經湧入了朋友圈，距離八百里外的小吃店收錢也加個微信，但並不是所有的人都是好朋友沒壞心，自己發的內容也不想讓所有的人都看得到。

太多的人與人之間，只不過點頭之交，甚至見都沒見過，或者也就說過一句話，說完也忘了刪掉，就留在了幾百幾千人的通訊錄裡，找也找不見，但你發的所有的內容都會被他們看見。現在大家都學會了截圖，你以為發布的內容挺好玩的，但難保不會成了一個大熱點新聞的段子。以前老見人晒孩子，現在也越來越少了，因為實在是太不安全了。

有個朋友生了混血的孩子，覺得好玩晒了幾張在朋友圈，沒多久我就看到一個群組裡有

人拿她孩子的照片說是自己孩子，當時我都驚呆了。還有朋友在朋友圈晒了自己的前後照，今年年初我見一個減肥廣告裡用了她的照片，而她知道後完全傻掉了。

越來越多的陌生人都在朋友圈裡，我們並不知道他們是誰，也沒來得及過濾，而他們卻能看到我們的一舉一動，吃喝拉撒，喜怒哀樂，想想也是有點恐怖了。

低頭族，抬起頭

昨天聽到車裡的廣播號召了一件事：低頭族，抬起頭。

手機已經占據了我們太多的時間和精力，基本上所有的人，大部分時間都在滑手機，而刷朋友圈更成了消磨時間的重點。每天無聊的時候等著朋友圈按鈕上的小紅點，一有更新就刷一下。

我周圍的不少人都已經關閉了自己的朋友圈，因為消磨時間讓自己特別痛苦，甚至於讓自己感到無力和無能。平時口口聲聲說自己特別忙，沒時間學習，沒時間相親，但朋友圈刷起來一點都不手軟。

我也關閉過幾次朋友圈，但沒多久又忍不住打開了。有時候就是想發點什麼，其實這是一種害怕別人不關注自己，不知道自己的小心理罷了。

現在我給自己規定了晚上睡前的時間刷刷朋友圈，不為小紅點的出現而刷朋友圈。這樣之後自己也有時間帶孩子出去玩耍了，也有時間學習看書上課了，也看不到別人過得比自己瀟灑了，非常爽。

經歷了碎片化學習的謊言，現在越來越多地給自己製造整塊的時間來做事，盡可能地少關注手機，比如說：

①每週末給自己制定下一週的日程表，詳細寫好每天都要去做什麼，帶孩子，上課，學習，讀書，寫文章……什麼都不耽誤。

②利用番茄學習法工作，每工作二十五分鐘休息五分鐘。

③擴大自己的學習範圍，涉獵不同的領域，不斷挖掘自己可能的潛力和可能性。

④手機打開聲音，有響聲的時候再看。沒聲音提示就不要看手機，把注意力集中在手機以外的地方。

⑤每年給自己找一個大目標，比如讀一個學位，裝修，上十門課程等。

⑥返璞歸真到十年前沒手機的生活方式裡，用筆記錄生活，而不是用手機記錄，可以看到自己現在寫字有多醜。

⑦讀書讀書讀書，不是用手機讀書。

科技讓我們的生活越來越便捷，但也慣出了我們很多很多的壞毛病。自控能力差的時候，就用最簡單的辦法來強制自己試試看。用手機做有價值和有用的事情，而不是無盡地消磨自己的精氣神。

你有沒有跟我一樣，掉進浪費時間的大坑？

我一直覺得自己的時間管理還不錯，畢竟我是一個能夠在短時間內做很多事情的人。可自從辭職在家工作後，我發現自己經常忙忙叨叨一整天，卻也沒覺得做了什麼事。以前我經常看到一些關於時間管理的書，總覺得時間管理還用寫這麼多嗎？直到前些時候上了一些時間管理的課程，才發現原來我整天都在瞎忙。課程裡提到了好幾個浪費時間的大坑，裡面就有我的陋習。我的問題，似乎也是很多人在時間管理上共同面臨的問題，這裡寫出來，與大家一起分享一下。

碎片化時間不是用來學習的

很多人講：「高度利用好碎片化時間。」於是很多人就用碎片化時間來讀書、看報、上課……我也曾這樣，結果卻發現書還沒找到第幾頁，車就來了……碎片化時間不是用來學習的，對此有所體會之後，我就不再用碎片化時間來讀書，或思考重要的事情。學習是一個需要很多步驟才能完成的深度思考與應用的過程，不僅僅是眼睛看過一遍，就真的能學到東西。

我的碎片化時間，大部分用來處理一些碎片化的事情，比如說網路轉帳、網路購物、回覆別人郵件等。這些事情不需要大腦深度思考，而且只用短短的時間就可以完成，但卻瑣碎得讓人煩惱，因此用碎片化時間來處理，再合適不過。

時間都去哪兒了

一個朋友想給我做一些理財投資的分析，他讓我列出每年在某些事情上家庭的支出是多少，比如教育、購物、人情往來等都分別投入了多少金錢時，我完全傻了，什麼都不知道！我和先生都不是亂花錢的人，因此覺得只要花出去的錢就一定是有用的，所以沒必要記錄下來。我最近開始記帳後才發現，記錄下來就特別清晰。花了哪些不該花的錢，哪些家庭支出比重大，都能夠特別一目了然地反映出來。

記錄時間也是一樣的道理，你會知道時間都花在了哪裡，比如你從來不覺得自己一天發呆發傻了多久，上網購物和刷朋友圈多久，記錄下來，你才會發現自己的時間都浪費在了哪些大坑裡。

分清楚工作時間和私人時間

很多人說：「我要是在家工作就好了！」大家覺得每天上下班浪費的時間很多，自己在家做事，心情一定又好又高效。但當你真的在家工作一天會發現，到半夜你什麼事都沒做完。

原因很簡單，在家工作的時候，工作時間和個人時間很難清晰地分開。感覺一整天都在工作，但工作的中間不斷夾雜著家裡的各種事……

我就是這個問題最大的受害者，作為在家工作的全職「家裡蹲」，經常吃飯的時候被客戶的一句要求打斷，跑到電腦前；或在工作的時候突然想起來購物車裡的東西還沒下單……說到底，是自己沒有給工作時間和私人時間，劃出一條清晰的分界線，時間完全跟著別人走，沒有自己應有的節奏。

我正在逐步改善這一點，比如提前一週就把下週的工作全部做完，或在一週的前兩天將整週的工作全部做完，給工作時間和私人時間一個分界線，把時間都分隔開，並強迫自己像上班一樣過有規律的生活。我這麼做已經有一段時間了，感覺特別有成效，特別是自己能夠很好地控制時間和安排一切，這樣的生活，使我的幸福感提高了很多！

無節制的娛樂與網路上癮

很多人都問過我，妳不看韓劇嗎？妳不看日劇嗎？妳不出去玩嗎？妳不出去逛街嗎？妳不無聊嗎？……其實，我們反對的不是娛樂和上網，而是「無節制」。無節制的娛樂，是一個浪費時間的大坑。

我們大部分的人，每天嚷著沒時間沒力氣，但在下班之後，將自己癱在沙發上看韓劇，一集集地哭到後半夜不嫌累，很多人抱著手機聊天能聊一整天，這種無節制會下意識地麻痺我們的大腦讓我們開始發呆和被牽制。我們總是不斷地看手機，擔心錯過了資訊，但其實除了生老病死，沒什麼大事必須馬上回覆。

一次只做一件事的專注

我們經常能看到，那些所謂節約時間的方法中提到一次做兩到三件事，比如吃飯時聽書，走路時回郵件……但這些只限於一些不需要太動腦的小事，如果是大事就不能這樣，就像你就不能一邊上班一邊打遊戲。

專注做一件事，這句話聽起來很簡單，大部分人好像也能夠做到。可這其中，最大的問題並不是兩件事會相互影響，而是總會有些小動作在其中干擾分神，這才是真正殺掉了時間和注意力的兇手。比如說工作到一半，發現杯子裡沒水喝，跑出去裝水；坐了五分鐘想起來，淘寶有一個快遞不知道到了沒有，去查一查物流訊息……這些都是很小的事情，但卻能夠把我們的時間和精力打亂，一旦分神就很久恢復不過來。

長期目標的缺失與短期目標的模糊

我們每個人在每一天做事的時候，都會有一個當天的目標，比如說今天我要完成一個PPT、明天晚上完成一個文件……這就是所謂的短期目標，是眼前的一段時間。

大部分人對自己的長期目標，並沒什麼規畫，只是按部就班地上班。這樣的話，時間很容易在自己想要懈怠的時候，持續無意識地繼續懈怠下去，反正好像也沒什麼事要做，導致自己無限制地拖延時間。

我最近開始做日程管理和安排，及時地把自己未來一至兩週的工作都放在表格裡，無論是工作還是生活，一天下來收效顯著，還特別有成就感。

休息太多，越休息越累

上班以後總覺得自己累啊累，做什麼都累，就誤以為自己特別需要休息，但想想我們每個人高三的時候，從早上六點起床到晚上十二點睡覺，一刻不停地用腦子用體力不覺得疲憊，除了年輕身體好這一個因素以外，還有就是腦子其實越用越靈，精神也是越忙越好。

放假不上班的時候會有感覺，越躺著就越不想起來，總覺得自己困乏得很。但上班的時候像打仗，反而會很High，特別有成就感。我們大部分的累，是因為自己的作息不規律，從不鍛鍊健身，胡吃海塞，休息太多所造成的。

一直以來我都覺得自己很忙，一天到晚停不下來，但接觸時間管理後仔細一分析，我不是忙呀，我是瞎忙。自己在時間的控制與管理上，進入了很多誤區。道理其實都懂，但就是控制不了自己。

表面上是在做時間管理，其實更多的是對自身能量的管理。不專注、低效率、對自己太寬容、太惜命……就算一天給你四十八小時也無法把事情做完。

人越大越需要自我管理，因為年齡增大的同時，自身的惰性和欲望也會與日俱增。勤奮大多是小時候的事，現在能連續三天早起就要給自己唱讚歌。學了那麼多的知識，做出那麼多的努力，其實就是為了讓自己在越來越老、越來越懶的路上，還能保持點少年時代的勤奮與勇氣，每一刻都管好自己，才能過好一輩子。

別逗了，你居然真的相信事業和家庭能平衡？

最近有個話題特別熱門，那就是對於女性來說，事業和家庭能平衡嗎？滿網路都在洗版。

我也經常被問到這個問題，大概是因為在很多人看來，我在三年裡有了兩個孩子，還辭職做了自由職業者。大家好奇，這樣忙到飛的生活，我是怎麼過來的。

我很多次分享過有了孩子以後我的時間管理和精力管理方法。但請注意，是「××管理」，正因為在自然情況下是無法平衡的，所以需要外力管理才可以。

我日常的生活大概是這樣的，七至八點起床，把兒子送到樓下找奶奶或姥姥吃早飯，我去給妹妹餵奶。餵奶之後我大致也清醒了，吃個早飯就開始工作。九點阿姨會到家裡幫忙帶孩子做家務整整一天，因此我一天的時間都可以工作或出去健身，老人和阿姨會帶著孩子們出去玩，中間我有空就會下樓，兒子沒事也會上樓跟我膩一會兒。吃飯一定跟大家一起，晚上哄妹妹睡覺，睡覺之前給妹妹餵奶後再睡。哥哥和妹妹睡覺的時間我都在工作。

通常是幾點睡覺呢？十二點睡覺能高興得哭出來，通常是一至兩點。躺下三秒睡著，不是睡過去的，是昏過去的。

今年增加的事情是每週三上午都要帶兒子出去上早教和藝術課，基本上八點出發，十二點回來。八點出發意味著六點多就要起床開始準備，通常回來以後也累到不行。下午很少睡午覺，因為擔心睡著就一下午醒不過來耽誤太多事，捨不得睡。

工作每天都排到爆滿，滿到我助理都看不懂我的日程表了。中間隨時要下樓跟孩子們玩會兒，家裡有各種問題都要去搞定，小到快遞沒送到，大到水管裂了空調漏水了之類的……好在物業公司很管用，每叫必到，花錢就行。

我很感謝我們雙方的父母和阿姨全心全力地幫我們，儘管如此，我還是會累得要命。因為操心多，家裡、工作和孩子都要操心。

可能你要問，爸爸呢？爸爸為什麼不操心？

爸爸也很辛苦，爸爸要每天上班，加班到很晚，到家已經累到不行。我至少不用奔波到公司，能自己掌握時間。人在家裡不出門，自然家裡要多操心一點兒。都一樣累，憑什麼我就操心更多？因為賤唄，也因為心疼老公。儘管他一下班也努力地幫我分擔很多事情，半夜有事都自己起來讓我多睡會兒，但或許就是這種默契的心疼對方的愛，讓我更願意付出多一點。

當然，還是有很多爸爸不負責任，什麼都不管，每天就會玩手機，什麼事情都不懂不會。那怎麼辦呢？如果是我，可能早帶著孩子帶著錢離家出走了，眼不見心不煩，少個障礙物心裡還舒服，反正怎麼過都跟單親媽媽沒什麼區別。

前幾個月，有一次出差十天，帶著女兒要餵奶，兒子放在家裡。聽說從我出差走了開始，兒子就悶悶不樂，每天站在窗戶邊上看外面，叫「媽媽，妹妹」，可能他不太理解，媽媽和妹妹怎麼都突然不見了呢？

沒辦法，讓爺爺奶奶帶著兒子一起去了我出差的地方，住在同一個酒店裡。他們到酒店的時候，我還在深山老林裡拍片子，晚上到酒店的時候兒子要睡了。他假裝沒看見我一樣偷笑，然後突然撲到我身上。從那以後，出差飛到天南海北，我都帶著他。

累嗎？累啊，怎麼不累？帶個孩子可不像帶隻狗那麼簡單。他要吃要喝還有自己的主意和想法，不可能完全配合你，你還要隨時有百分之百的戰鬥力來哄著他，同時你還要有百分之二百的戰鬥力去工作。

可能你會說，畢竟是做自由職業者，很自由啊，想睡就睡，想玩就玩，帶孩子隨便High，多痛快啊。雖然說辭職後也做了很多事情，但自己做了才知道，特別累。上班真不覺得，再辛苦就是累而已，沒什麼壓力，大家一起扛。現在，自己做都是自己扛，任何問題別人都可以說做不了說不會，但到我這裡都必須有答案有結果。所有的責任和風險都我一個人來承擔，別人都可以有雙休日，我沒有，二十四小時都得在。一不留神，全盤盡毀。到處都是煎熬，根本不是往前跑，都是一寸一寸往前熬。現在才知道，錢不是賺出來的，都是熬出來的。

怨恨嗎？沒有，因為這就是人生啊，想要人前顯貴，就要人後受罪。

我是個欲望很多的人，我想要很多很多東西，我要別墅，要好吃好喝好學校，要好環境，好醫療，所以我必須付出得更多。這個道理，我不僅懂，還願意身體力行。我還容易自省，總覺得自己做得不夠好不夠多，覺得自己無能又自卑。

我很幸運，辭職之後很多人來找我做各種各樣的事情和活動，起初我很心動，因為只要我答應了，可能會多很多很多錢。但幾次累到在家一天都見不了孩子一面之後才明白，我當初不是因為要當自由職業者辭職的，我是為了陪孩子辭職的。沒有什麼比對孩子的陪伴更大，儘管我大部分時間都在書房裡工作，但我還是努力，努力去找到一點點的時間就陪孩子們在一起。

我可能虧欠了那麼多信任我、想跟我合作的人，我也虧欠了我的孩子們。我沒有那麼多的時間陪他們玩翻天。但，我能毫無愧疚和遺憾地說，我盡力了。

有時候看到孩子們熟睡的樣子，看到他們玩到沒心沒肺地笑，我就想，不知道我的父母是否曾經也為了我的笑，拚命如我一樣地努力著。把自己累到天天昏倒在枕頭上，睡覺都捨不得。

事業和生活真的能平衡嗎？即便是單身也不一定能很好地平衡。什麼是平衡呢？大概很多人想要的平衡，是付出一般般的精力，但收穫大大的。但實際生活總是，一個都顧不好，稍微偏頗一點兒，總有一個要掉鏈子。總看到別人平衡得好，為什麼自己就不行呢？一定是技術上出了問題。

世界上有那麼多的女強人告訴你，事業和家庭是可以平衡的啊。對啊，前提是你願意超負荷地付出，否則，同樣是二十四小時，誰比誰能多一分鐘呢？

以前我寫勵志，全靠熱血和夢想，就能拔地而起。現在我給自己的電腦螢幕換上了一張兒子女兒的合照，每次深夜累到停止打字五分鐘時，電腦螢幕就會自動跳到螢幕保護程式。看到兩個稚子的合照，我還能再戰三小時！

「我不想招從小家境不好的人做同事！」

有次我讀了雷斯林的一篇文章，大意講的是「不想和小時候窮苦的女孩談戀愛」，看完後腦子裡突然跳出了一位創業公司老闆跟我說過的這句話——「我不想招從小家境不好的人做同事。」這句話太醒目了，因為他跟我說的後半句是：「我就招過兩個這樣的人，僅有的兩次公司被害，就是被他們害的。」被害得太慘了，因此以後面試一定問問家境。

＊＊＊

朋友招的A，從小家裡很窮，父母重男輕女，根本不在乎她。因此她從小自己拚了命地努力。當她應聘成為朋友團隊一員的時候，已經是個有車有房的有錢女孩了，而且非常能幹，工作上獨當一面。

然而，沒過一年，A帶給整個公司的重創和打擊，讓老闆傻眼了。可能因為從小太缺愛了，所以她的內心有無限的欲望，這種欲望甚至到了不惜損害團隊與公司的利益，來達成自己的目標。表面上，她像一隻無辜的小鳥，跟大夥一起拚命工作，獲取別人的信任，背地裡內心的欲望卻像火一樣燒遍了腦細胞。最終，A離職後還不忘背後捅了當年幫過她的所有同事和老闆一刀。

臨走的時候，她跟老闆說：「我就是看不慣周圍家庭好的同事，年紀輕輕就有了我奮鬥了十年才有的東西。每次吃飯聽到你們說小時候家裡幸福的事，我都會自卑到要死。」

朋友招的B，是個男孩子，從小家境不至於很窮，但也一般般。他腦子非常鬼靈精，鬼靈精到自己根本不做事，把自己的工作都外包給自己的朋友，自己每天上班卻忙忙碌碌地賺外快。

公司裡的很多事，都是機密，外包出去一定是同行業的人。他不僅自己這麼做，還夥同公司幾個員工一起這麼做，時間久了，出事了。起初是老闆發現有些公司內部PPT在網路上傳來傳去，之後發現客戶總會知道他們的底價，再後來，競爭對手之間見面都笑而不語。B知道出事了，於是趕緊溜之大吉，臨走把公司的資料全部帶走，還刪空了幾個公共硬碟。老闆本來要報警，但想到B還年輕，生氣歸生氣，還是心軟了。

從那以後，公司下令，面試一定要問問家境。拗不過的不是命，其實是拗不過環境對自己的桎梏。

＊＊＊

窮，最直接的一個體現是什麼？就是午飯都不能跟同事一起吃，因為要和大家各自付帳，負擔不起。

十年前，我稅後薪資三千四百元人民幣，房租一千元人民幣，在高大上的CBD工作，同事們中午聚餐一頓飯至少五十元人民幣。我只能跟同樣剛入職的同事一起出去吃二十元人民幣的速食，就這樣也覺得很貴。

老闆跟我們下死命令：「一週必須跟大家一起吃兩頓飯，不然扣薪水。」但最終還是因為窮，一直沒有實現。結果，大家出去玩耍，永遠不叫我們兩個，我們真的越來越獨，團隊交流越來越不順利。

朋友跟我開玩笑說，要是他招聘，絕對不要我，我太不合群了。內向，不合群，不會為人處世，不會說話，老被坑被害，被欺負了也不敢吭聲，薪水低也沒有其他選擇——這是所有普通人家孩子進入職場的通病。

我曾跟同樣一兒一女的主播Bobo聊起這件事，Bobo說：「我們這樣的人，拚了命地賺錢，就是為了不讓我們的孩子有匱乏感。」

金錢上的匱乏感，會讓一個人沒底氣。不敢爭，不敢搶，不敢表達自己的欲望和想法。年紀越大越發現，自己從小的環境對一個人的影響真是太大了，很多時候我們覺得拗不過命，其實是拗不過環境對自己的影響。

窮，限制最大的是格局、想像力和做事的態度。

＊＊＊

我想起半年前給一位老闆推薦過一個前輩家的孩子，前段時間正好問他：「那個上次推薦給你的女孩怎麼樣？」

老闆說：「那個女孩是我們見過的，僅有的兩個最好的實習生之一，要不是她明年要去美國讀碩士，我一定把她留下來。做事認真努力，嚴謹細心，思路廣闊，博學多才，勤奮好學，真是難得啊。」

這女孩我也不認識，但根據我對前輩的瞭解，算不上大富，可家境無憂是絕對沒問題的。現在公司裡越來越多的，都是家境不錯的小孩。見得多，見識和格局都很廣，只為做事而做事，認真努力，沒動歪腦筋去為了一己之利搞破壞。畢業薪水低也不怕，照樣買買買，自己租個一人房，租金比薪水還高，但有爸媽給。他們可以隨便買買買，美美地打扮自己，更有自信地開拓自己的世界，認識新朋友。工作幾年就去創業，父母都能支持，周圍也都是家境好的朋友一起幫忙，成功得很快，早早就過上了自己想要的新燦燦的精緻生活。

窮，限制的不光是吃喝玩樂，更重要的是格局、想像力和做事的態度。窮人工作是為了生計，為了賺錢，只交對自己有利的朋友，只做對自己有益的事。有錢人工作是為了實現自我價值，由著自己的興趣愛好交朋友，只想把事情本身做好。有的事你不想承認，因為自己就是被言中的那一個。但不想承認，並改變不了事實。學有錢人的思維模式與做事態度，打破普通家庭的人生桎梏。

＊＊＊

那普通人家的孩子，就真的沒有出頭之日了嗎？

如果是以前，比如十年前的我，大家都差不多的背景，全拚英語、拚學校。留學生還沒怎麼回國呢，如今大量的留學生和富二代都回來了，我們該怎麼跟他們競爭呢？

曾看了篇文章，裡面總結了九條窮人和富人的思維方式，坦率地講，工作十年，雖然賺到了一些錢，但我自己覺得在心態和格局上還是差距很大，比如每次與億萬富翁阿何交流，都覺得受益匪淺，他的思路和思維方式總會讓我豁然開朗。

年紀越大越發現，很多東西不是用錢能衡量的，而是用背後的思維方式，這才是窮人和富人的最大差距。說好好學習天天向上、多參加活動克服自卑，這種話都太泛泛了，改變思維方式，才能真正改變行動，這也是我們作為普通人家小孩應該去努力的方向。我與大家分享一下這九條。

有錢人相信：「我創造我的人生。」窮人相信：「人生發生在我身上。」

有錢人想著：「如何兩個都要？」窮人想著：「如何二選一？」

有錢人專注於機會，窮人專注於障礙。

有錢人與積極的成功人士交流，窮人與消極的人或不成功的人交往。

有錢人讓錢幫他們工作，窮人辛苦工作賺錢。

有錢人欣賞其他的有錢人和成功人士，窮人討厭有錢人和成功人士。

有錢人持續學習成長，窮人認為他們已經知道一切。

有錢人根據結果拿酬勞，窮人選擇根據時間拿酬勞。

有錢人就算恐懼也會採取行動，窮人卻會讓恐懼擋住他們的行動。

你是哪一種人呢？

當然，除此以外我還會逼著自己多跟更多人交流，無論貧富，多增長自己的見識和能力，無論哪個年代，有「本事」是第一要務。把追著別人聊變成別人追著你聊，就是成長的過程。

努力了那麼久，我發現一個道理：「不要根據自己的想像，預設對方的態度和想法。不要把害怕放在做事之前，很多事情，真正開始做了才知道沒那麼可怕；真正地和人開始交談，才知道對方沒那麼壞。」

這是我過去三個月學到的最重要的事，希望能幫到跟我一樣的你。

從夜貓子到晨起人，很多想都不敢想的奇蹟發生了

不加班的時候，你們都早睡了嗎？

如果你熬夜是因為上學時課業負擔重，那麼上班之後還是熬夜黨，那就是自己的選擇了。記得以前有個新聞報導說年輕人加班工作過勞死，當時我們在痛訴加班真可怕的時候，我的老闆問我們：「不加班的時候，你們都早睡了嗎？」

這句話當頭一棒。

對啊，沒有加班的日子，我們依舊在晚睡。其實並不是什麼事情讓自己晚睡，只是自己習慣了這樣的生活方式。就算什麼都沒有，也會捧著手機熬著。我們總說自己沒時間，太累起不來床。實際上自己的時間有大把，就是沒有很好地規劃時間，以及管理自己的能力。

這麼多年來，我經常告誡自己今晚一定早睡，但每到晚上的時候，就會靈感迸發，或者拖延症導致了很多工作必須要晚上趕緊做完。即便在懷孕期間，也都是一兩點才睡覺。早晨有事的時候起來很早，那一天都精神萎靡；沒事的時候十一二點起床也是經常的事。

因為上午的時間都睡過去了，所有的工作都壓在了下午和晚上，有時候工作多或有其他的事情插進來，自己就會很焦慮，沒時間看書，看電影。找時間帶孩子玩耍，一度也是我很大的問題，很久很久以來，我醒著的人生裡都沒有早晨。

前幾天特別忙特別累，有一天下午六點吃完飯就躺著睡著了，十一點醒來的時候，感覺身體舒服和順暢了很多，趕忙就去洗澡餵奶收拾東西，一兩點鐘又再次睡下，早晨起來神清氣爽。出去健身，買東西，帶孩子上完早教課回來也就十一點，簡直了，平時自己十一點還沒起床呢。

雖然看似早睡早起，和晚睡晚起的時間是一樣的，但早晨多了四五個小時神清氣爽的時間，整個一天都完全不一樣。而且現在我有兩個孩子，只要一個孩子一天出點什麼事兒需要我，那麼時間被Kill掉簡直太容易了。隨機發生的事情越多，自己對時間的控制越差，情緒就會很不好。我買了很多關於時間管理的課程和書籍，但如果說自己都無法管理自己睡覺起床的時間，那學再多的管理技巧都沒法實踐，因為時間根本沒有屬於過你醒著的時候。

我開始重新規劃我的時間，對此我做了這樣的計畫：

①每天往前提前十五分鐘，逐漸過渡到晚上十一點半上床睡覺，早晨七點醒來餵奶、吃飯，之後就可以開始新的一天了。習慣了晚睡的人，突然早睡覺是很難做到的，越早可能越睡不著，在床上輾轉反側，所以每天要提前一點點開始慢慢過渡。

②上午的時間主要是去健身房兩小時，到家後跟孩子玩或去上早教課。中午到家吃飯後開始

工作，下午孩子睡醒後一起玩或看動畫片，飯後看書或看電影。因為以前的時間被壓縮得很厲害，沒有時間去健身房和陪孩子玩。身體越來越不好，體能不夠，工作效率低，沒時間陪孩子，罪惡感也會很大。多了一個早晨，能讓自己的時間延長四五個小時，一天的緊張大致都被緩解了。

③開始記手帳和記帳，以前覺得記這些幹嘛啊，還得回憶半天，只要自己不是個亂花錢的人也不需要記帳。手帳那些花花綠綠的東西還不夠自己費心折騰的，因此從來不記錄。突然開始記錄，因為覺得自己應該多記下來生活裡做過的和有成就感的事，這樣能更好地督促自己感受到生活美好的一面，進而更好地管理時間，安排生活節奏。

在進行了這一系列的改變之後，慢慢地，我的生活開始出現了奇蹟：

①每天的精神狀態特別好，特別是早晨早起後，再沒有困頓不堪和身體疲憊的感覺。

②因為時間變得多了很多，因此無論做什麼事都特別耐心平和，內心沒有一點緊張和焦慮。在面對緊急困難的事情時，不會像以前一樣心裡煩躁，反而會很從容地一點點解決。

③因為健身的時間多了起來，還專門請了私人教練上課，身體好了，整個人的精神更好，體能也從產後的虛弱逐漸恢復起來。即使不上課的時候，去健身房隨便跑跑步，都覺得整個氛圍讓自己很精神！

④生活節奏放緩了，有足夠的時間去陪孩子或去做自己喜歡的事，生活裡不再只有工作，還有了很多時間學會欣賞與享受生活。

⑤有時間開始約朋友們吃飯，認識和熟悉了更多的人。以前有想法也沒時間，約個人出門，都著急忙慌地趕時間。現在每週堅持約見兩個朋友吃飯或喝下午茶，讓自己的人際關係更好，交了很多好朋友，更重要的是以前不熟悉的朋友變得熟悉又親密。

⑥皮膚！自從早睡早起後，皮膚直接躍升十個格！用什麼化妝品都能嗷嗷吸收，那種晦暗無光打粉底都蓋不住的疲憊沒有了，現在不用粉底都能出門遛孩子！

⑦運氣好！時間更多的時候，上午就能開始工作，早早完成一天的工作，甚至一週的前兩天，就完成了整整一週的工作，讓自己的心情變得大好，也能更好地安排其他的時間享受生活，享受跟孩子們在一起的時間。

以前不太理解那些熱血簽到打卡的晨起人們都在做什麼，四五點起床有啥可提倡的，我還做夢呢。現在自己開始早起，雖然沒有四五點，但生活裡已經發生了很多奇蹟。表面上看來，時間更多，就能多做更多事情，但最大的變化是心態和享受生活的態度。

其實對於我們大多數人來說，並不是沒有時間做事情，而是沒有很好地管理好自己的時間。很多人覺得管理時間是技巧問題，比如在馬桶上看書，在公車上買買買就叫時間管理了。然而，時間管理不僅僅是對時間的管理，還有透過改變自身的習慣，利用有效的工具，對自己人生、情緒、生活態度的管理和協調。

現在我的目標是培養自己，每週集中用一至兩天時間完成一週的全部工作，然後才有更多的時間去自由支配。今年的計畫還有很多，比如考ＭＢＡ；帶孩子出國旅行；與一百個朋友見面聊天；讀一百本書；看十場話劇；逛十個博物館等。但無論多麼偉大的計畫，都要從改變自己不好的生活習慣開始，高度的自律才能讓自己更自由。

不出門走走，你都不知道自己有多Low

上次出差拜訪了平定刻花瓷大師張文亮老師，張老師出生在平定農村，初中畢業跟著父親學習刻花瓷，從工廠裡的雜工開始做起。現在已經五十歲的張老師的刻花瓷作品，是國家非物質文化遺產。我在他的作坊裡跟著學做了一個小瓶子，每一步都是精雕細琢的慢功夫。第二天跟張老師在一個桌子上吃飯喝茶，張老師說：「我從初中畢業跟著我父親學做刻花瓷，到現在可以說做了一輩子了，我一輩子就做了這麼一件事。我父親的刻花瓷，在我手上沒有丟，我把刻花瓷做到了國家非物質文化遺產上，這輩子我就夠了。」

我用張老師自己做的茶具喝茶，一邊喝一邊不要臉地問他：「這個小茶杯要是賣的話多少錢？」

張老師說：「隨便，我開多少錢就多少錢，我開三千人民幣就三千人民幣，我開一萬人民幣就一萬人民幣，但是，多半我不捨得賣。」

大師跟我說：「如果我每天做這些東西，僅僅是為了賺錢，那我一定是做不好的，因為那樣我每天都會想，我今天做一個瓶子五百塊人民幣，我今天有飯吃了，明天再做一個賺一千塊人民幣，我又可以買雙鞋了。用這樣的心態去做任何事情，你永遠都做不好。現在我這門手藝，已經成了國家非物質文化遺產，我所想的並不是如何賺錢，而是這門手藝已經成了國家的，我應該怎麼樣來回報國家，以及如何把這門手藝再傳給下一代，如何讓更多的人瞭解和傳承這門手藝。」

說真的，我特別感動，回來一直在跟家裡人說今天我遇到這個大師多麼多麼不同。我所生活的環境每天還是挺浮躁的，周圍所有人都在研究如何快速變現，如何一夜成名，怕跑得不夠快，賺得不夠多，不斷地消耗自己來賺錢。但張老師的話讓我看到了一種不一樣的格局和眼光，真誠又踏實。

他總是在強調自己是一個農民，沒什麼本事，就是一個做瓷的，但我覺得自己才是一個沒有什麼本事的人，他的事業和格局是我遠遠達不到的，比如我看到他的作品第一反應就是多少錢……

出差的時候，我還認識了很多領域的老前輩，他們大多五六十歲了，特別耐心地跟我交流，為了我的到來齊聚一堂，這讓我特別受寵若驚。跟大師們交流，心裡特別安靜，你能感受到他們言談舉止中自帶的文化氣息，我形容不上來，就是立刻覺得自己特別膚淺。人家每天研究的那都是正經事，每個人每分鐘都在推動社會進步往前走。自己呢？一天到晚不做正經事，格局太小，程度太差，慚愧得不行。

以前有句話叫：「不出門走走，你會以為眼前的一切就是你的全世界。」

現在看來，不出門走走，你都不知道現在的自己有多Low，還以為自己挺行的呢！這次出差，因為去了很多農村和古蹟的地方，給我的改變挺大的。以前總覺得這些東西沒意思，也沒什麼看頭，自己也不那麼喜歡歷史，但現在看到這些，眼前總是會浮現出很多畫面。可能是因為年紀大了，突然開始喜歡讀歷史文化，喜歡喝茶，喜歡藝術與人文。朋友小令說她也在讀魏晉南北朝的歷史，想來想去，大概是因為我們突然老了，開始喜歡有沉澱的東西了，再也不是灌一茶缸白開水就瘋跑著玩的小女孩了吧。

在自己的小圈子裡，待的時間越長，越容易禁錮自己。身邊的人就那些，朋友圈裡也是自己熟悉的行業和內容，會覺得自己過得還挺像樣的，像個人物似的。可真正走出去看一看聽一聽，會發現能學習的人和東西太多了，多到每遇到一個不懂的，就趕緊記下來，回到酒店就立刻查查。這種求知若渴的感覺非常棒。

自滿了之後很容易什麼話都聽不進去，對自己不利的話，總覺得是因為對方不瞭解自己，只聽進去對自己好的話。出去走走，無論是世界各地還是大農村，沒人跟你說話，因為隨時隨地都覺得自己是個大白癡。

人一忙起來，覺得自己特別白癡的時候，也不焦慮了，也不迷茫了，也不刷朋友圈了，也顧不上刷代購買買買了，就想好好學習，因為覺得自己太Low了。

前段時間，我開始做一項改變。以前我挺宅的，在家裡不怎麼出門，也不愛出門，也不喜歡跟人說話，特別內向。現在我覺得自己要慢慢突破這個問題，從每週見兩個人開始，要打開自己，通過更多的人瞭解更多的世界。

在朋友圈發出這個想法以後，很多人前來報名吃飯聊天。我以前也不接受出差，現在開始嘗試可以接受。我還專門找了樓下的仲介公司的小女生，每週請她吃飯給我講講賣房子的故事，還準備到便利店打工一小時十五塊人民幣，雖然轉身買根冰棒就沒了，但可以瞭解便利店的來來往往的故事。我特別喜歡聽故事，聽美容師講，月嫂講，保姆阿姨講，用別人的經歷，增長自己的見識。

你會發現當你自己邁出第一步的時候，整個世界都在等著你。

越咬牙切齒背後中傷別人，越暴露了自己的不堪和格局

總有人問我一個問題：「星姐，我是個特別積極上進的人，每天都要學習很多新東西，但我周圍的人都每天吃喝玩樂。我不想跟他們一起混日子，但會顯得特別不合群，他們也會特別排斥我，中傷我，甚至背後抹黑我罵我。現在我特別孤獨，我想知道妳當年特別拚的時候，是怎麼處理這些人際關係的？」

我啊，我都孤僻了好多年了。不是因為我周圍的人不上進，而是因為我從大學進去就遲到了，分到了別的系的宿舍裡。人生地不熟，加上不是同班，上課時間也不固定，自然只能自己一個人到處走。我生性就孤僻，喜歡一個人待著。三分鐘自己能做完的事，絕不想拖著另一個人做三十分鐘。因為喜歡一個人獨來獨往，乾脆利索，至於同學關係，我不覺得天天一起上廁所就革命友情深厚了啊。人各有志，不能說自己積極向上，就說別人吃喝玩樂的價值觀不對，只能說，大家的興趣愛好不同，既然這樣，沒必要一定在一起。

還是從大學說起。

那時候剛入學，我的目標是考研究所或出國，總之志向滿滿。因為我的大學是一個小城市的學校，大部分人都是本地學生。我從來都是一個人吃飯，一個人去教室，一個人坐在第一排，一個人上自習，一個人五點起床學習，十二點還在廁所或樓道裡背單字。大二考完六級的時候，英語老師在班裡對著其他人說：「人家提前考六級，考得比你們的四級還高，你們是怎麼學的？」

那一刻，我就知道可能我在大學不會有好朋友了。

大部分同學關係都一般，沒什麼最好的朋友，大家背後都不喜歡我，直到現在也是，回憶起大學沒什麼感覺，只有在樓頂上對著太陽背單字的記憶。後悔嗎？不，因為想做什麼，都是有代價的，這個犧牲，我認，我不能什麼都要，這道理我懂。

有朋友嗎？當然有，比如研究生，或者其他系裡也想考研究所或出國的同學。我們在一個小圈子裡，相互鼓勵齊頭並進，但也走著走著就丟失了。

那些吃喝玩樂，一年胖了十幾公斤天天煲電話粥談戀愛的同學就錯了嗎？當時覺得，他們太不上進了，能有啥前途？但今天看來，不，只是不同，我不能用自己的價值觀去要求別人，這太狹隘了。也許人家當年也都覺得我是個一年瘦了十幾公斤的傻子呢。

如果你努力不是為了自己，只是為了能得到別人的贊同和肯定，別人必須給你鼓掌，當周圍的人對你產生不屑和敵意的時候，你會最先開始懷疑自己，是不是哪裡做錯了，讓他們不高興了？讓他們孤立了你？

你沒什麼錯，只是想要的太多了，又想自己行，還想讓別人喜歡比他們行的你——當然，他們也是嫉妒你了，怕你超過他們，當他們無法干擾和阻止你進步的時候，就開始孤立你。

不過，當一個人真的很篤定自己的路的時候，根本顧不上周圍的一切，什麼流言蜚語冷嘲熱諷，通通都不在耳朵裡，因為根本就不是一個世界的人啊。

孤立你很可怕嗎？不啊！再也沒人拖著你一起上廁所、吃飯、打水洗澡、上課、談戀愛、逛街、吃麻辣燙……沒人再占用你強大的時間流了，你可以把自己的大部分時間都留給自己，甚至你根本沒心力跟他們一起去八卦隔壁班長得帥的那個男生，畢竟你心目中的男神可比他又帥又能幹。

他們對外可能不會說你什麼好話，他們可能會冷嘲熱諷你；他們可能會覺得你腦子有病是個大傻子，可如果你連這些都接受不了，你離成功的路可能還遠著呢，有十萬八千里。因為未來每一次小小的成功背後，還會藏著更多中傷，它們還沒撲向你呢！

我看過一個大學在讀的朋友發的朋友圈，她說道：「因為要創業，受到同宿舍女生的集體排擠。我今天搬出來租房自己住了，周圍都是志同道合的朋友。很多人覺得我這樣做不值得，但比起看我不爽的人，我更在乎自己想要成為怎樣的人。」

真棒，真想給她鼓掌。

我是個特別拚的人，有多拚呢？連我老公都說：「妳明明可以在家吃喝，當個健身美容學英語的全職太太，但卻把自己逼得三十歲都有白頭髮了。」

有很多人看我不順眼，也有很多人在背後說我壞話，中傷我、誹謗我，但我知道我在做什麼，我想做什麼，以及我想要成為怎樣的人，這就夠了。至於背後罵我的人都是什麼樣子，我不關心。我還不是什麼成功人士，也沒實現自己的目標，我沒空管背後那些絮叨和雞毛蒜皮。曾看到衩姐寫的一段話：「你們對我的百般註解和識讀，並不構成萬分之一的我，卻是一覽無餘的你們。無論抱著何種心態去揣測別人的所做和所想，越是咬牙切齒或繪聲繪色，越暴露了自己的不堪、遭遇和格局。」

深以為然，感動得掉淚。暗暗提醒自己要有強大的內心，以及千萬別成為沒有格局的人。

高中的時候我看到過一篇文章，講獅子永遠不要跟老鼠比賽。比贏了，也沒多大成就感；輸了，別人反倒會說，你一個獅子居然跟老鼠較勁，丟自己的臉面。這個故事我記了十幾年，每次有人中傷我的時候，我都想，我是一個要當獅子的人，雖然現在還不是，但我也不能跟老鼠較勁，掉價！

我不是傲氣，而是給自己打氣。哪有那麼多人就該在你成功路上給你加油？這世上，沒人必須像你爸你媽一樣眼巴巴地盼著你好。孤獨前進的路上，溫暖都是自己給自己燒起來的；強心針都是沿路自己打的。有人關注你，才會罵你害你中傷你。等你人到中年還混得什麼都不是的時候，你才會知道，被別人遺忘才是最心酸的事。

奮鬥在大城市裡迷茫太多，只因為你忽視了這個品質

我的祖籍，即我爺爺的出生地，是山西陽泉，但因為爺爺年輕時舉家外遷了，因此陽泉對我來說，一直是戶口本上的一個地方，我長這麼大從沒有回去過。生完二胎不久，有了一次去陽泉出差拍片子的機會，那是我連續生了兩個孩子以後的第一次出差，心情十分激動。以前總覺得，想要往全世界跑，這樣才能看到世界的精彩。然而那次陽泉之行，讓我改變了這個想法。

作為一個地級市，陽泉雖然不繁華，但每天見到讓人從心底敬佩和感動的人和事，我覺得自己以前的視野真是太狹隘了。

「既然選擇了就要認真做，每個行業都有自己的不容易」

陽泉最有名的是煤炭業，這次也見到了很多傳說中在煤礦井裡工作的工人們。下午三點我們到的時候，正好是他們上井的時候，每個人都一身黑，除了白色的牙齒，笑起來清晰可

見。

他們每個人幾乎都從十八歲開始下井，接替父親的班，成為一名礦工。每天早上八點下井，下午三點上井，洗澡吃飯後回家睡覺，一幹就是幾十年。

我問他們作為礦工最擔心什麼，他們說煤灰會吸入身體裡，所以他們基本上都會有呼吸道疾病，屬於職業病。但自己既然選擇了這份工作，就要認真做好，每個行業都有自己的不容易。

有一個年輕礦工特別喜歡聊天，他跟我說：「我老婆不想讓我做礦工，因為擔心身體會不好。這個工作影響健康誰都知道，但如果誰都不做了，煤從哪裡來。不管什麼樣的工作，都總要有人做的，想到自己讓家裡人能吃點兒好的穿點兒好的，就挺滿足的。」說完這段話，他看著遠處的山，露出白牙嘿嘿笑。

「不是只有在大城市才有夢，我在小地方也有我的夢」

小白，在中國的「化石圈」裡極為有名，他是一個不善言談的男孩，除了談起他的「戀人」——化石。

小白是陽泉一個煤礦工人的兒子，從小在煤堆裡撿石頭玩。他總覺得那些石頭上的小樹葉和動物形狀很有趣。他撿了很多很多這樣的石頭堆在家裡，又被家人扔出去。為了保護他的石頭，他把很多心愛的石頭都藏在一個地洞裡。長大再去挖，結果再也找不到了。

小白撿石頭，一撿就是三十年。平日裡，他的工作是在礦井下探測瓦斯濃度。業餘時間，他是山間的一隻兔子，樂此不疲地在山中找化石。山西境內有很豐富的化石資源，比如恐龍遺跡，原始人類活動遺跡，哺乳動物化石，甚至還發現過三千多年前的化石。

小白對化石的研究專業程度，超過了很多專業人士。被他發現和搶救出來的很多化石，都捐給了各種博物館，或跟其他化石愛好者互相交換。很多人想要把他的化石商業化，甚至據說很多人都盯著他和他的家，希望能夠變現。但對於小白來講，他的夢想是在陽泉建立一個化石博物館或古遺跡公園，讓更多的人能夠透過化石去瞭解歷史和自然。

我跟他說：「你這種天才級的人，就應該關起來好好保護著，你是天才啊，你的任務就是去發現歷史，其他什麼都不要管。」

他說：「很多人讓我到北京去，我不想去，我就想在自己的角落裡，認認真真研究我喜歡的化石，不是只有在大城市待著才有夢，我在陽泉這個小地方，也有我很大的夢。」

他們認真努力的樣子，比迷茫焦躁的我們強一百倍

說真的，看著他們樸實和認真的勁兒，我就想起了我父親，一個電焊工人，每天穿著被四濺的火花燒壞的衣服和襪子，成年累月地認真工作。年少的我，曾經勸他，幹嘛那麼努力，那麼多人吊兒郎當的不都也有薪水嗎？可直到他去世後我慢慢長大，我也成了一個認真到讓助理都抓狂的人時，我才明白——認真，就是一種信仰。

我們生活在一個浮躁的社會裡，一夜暴富的故事此起彼伏地衝擊著我們的耳膜。我們的內心忽閃忽閃的，急速地想要成名成家，早就忘了剛畢業時候「想要讓世界因為自己美好一點點」的小願望。但實際上，我們蝸居在自己的小圈子裡，每天做一樣的事情，跟熟悉已久的人吃喝玩樂，生活穩定安康。時間久了，就會覺得，自己眼前和生活裡的一切，就是自己的全世界。

出來走走看看，那麼多平凡而認真的人，他們可能不懂什麼叫 Brunch，也不懂最新的高科技和時尚，他們從未出現在大眾的視野裡，但他們正在用自己勤奮的雙手，改變著自己的生活，他們認真努力的樣子，比天天喊著迷茫焦躁的我們，強一百倍！

不出門，不知道世界之大；不識人，不知道生活有多少模樣。站在固關長城的頂上，俯瞰下面的一切，那麼多來來往往的車和人，又有多少平凡而認真努力的故事？我們以為有點錢，或者多認識一些洋氣的單字，自己就高級得不得了。面對那些樸實無華認真對待生活的人們，我們有什麼資格抱怨這個世界？

別一不小心，就暴露了自己的潑婦相

朋友有次跟我說：「前幾天我發了一個快遞，今天還沒到，我就去找快遞，結果發現發錯了地方。快遞是個新來的小孩，有點不熟悉流程，折騰了好久都沒查到。我當時就火大了，立刻氣急敗壞地罵了他一頓。放下電話，我就後悔了，我怎麼能那麼尖酸刻薄呢？我以為自己平時也挺有素養的一個人，沒想到骨子裡還會這麼得理不讓人，稍微不滿意就這麼刻薄。那個快遞小哥一定很難過吧，我真是後悔。」

是的，小快遞一定很難過，因為我也受到過這樣的對待。

去年年初做過幾次團購圖書，有一次一個客戶沒有按照以前的速度收到快遞，打來電話找客服。客服一查，當天給客戶送快遞的小哥生病了，換了人要晚一點送去。客戶立刻就火大了，把我們小客服罵了二十多分鐘。當時，我讓客服用同城快遞又發了給那個客戶。晚上客戶收到了快遞送的晚到了一小時的書，也沒吭聲。

有時候公眾號留言互動也會這樣，讀者可能在問一個事情，但我們並不是二十四小時線上秒回，看到的時候，經常已經是第二天了，但發現對方說著說著就變成了罵人。

我曾經很多次試著換位思考，如果是我，找對方問個事，對方沒有立刻回覆，自己會著急嗎？

是的，會。我經常找助理找不到，就能瞬間著急上火。

其實我們每個人的內心深處，都有一副隨時罵街的潑婦相，只是平日裡掩蓋了，但只要遇到一點小事，就會立刻點了火，像爆發了一樣，有時候連自己都不敢相信為什麼自己會這樣。

當然，除了生活中偶爾會遇到一些重大的事情據理力爭外，很多時候我們的尖酸刻薄僅僅是因為一些很小的事情。比如快遞晚了一天，外賣少送了一盒，買的新產品沒有想像的好用……我們很難心平氣和地去面對和解決這些問題，一開口就好像自己占了個大理，一定要把事情說道說道，恨不得讓全世界都支持自己。

問題有那麼嚴重嗎？其實並沒有，但自己的表現，有時候自己都想不通。

我曾經問過一些心理學者，為什麼年輕人很容易尖酸刻薄，遇到一點小事就很容易得理不饒人？反而年紀大的人會很平和？僅僅是因為生活閱歷嗎？

朋友說，其實閱歷並沒有太大原因，而是社會層次。年輕的時候大多數人都在社會底層，工作上生活上更多的是被教導，滿心的怨氣無處發洩，稍微找到一個出口就容易爆發出來。但隨著年紀大了，視野更寬廣了，內心會變得寬容，因為經過十年的打拚，會理解到生活的各種不易，自然就會理解很多了。

前段時間跟前輩吃飯，前輩說：「我剛當上主管的時候，特別唯我獨尊，那時候我覺得那是個性，到處給別人找麻煩，不依著我我就鬧，覺得自己特別不同凡響，是不一樣的煙火，看誰不順眼就罵。現在很多人說我當了總裁了，心平氣和了，其實不是，是我在當了高階主管之後往下看，才知道當年的我有多討人厭。我現在明白了，每個人都有自己的難處，每個崗位都有自己的職責，他們沒有義務為我的特殊要求開綠燈，我也沒有那麼不同凡響。」

以前覺得自己很特別，那些三十多歲的人，每天活得一點精神生氣都沒有，看什麼好像都行，一定沒有自己的想法。現在自己到了三十歲才知道，並不是人年紀越大越沒力氣與世界相爭，而是眼界和身分，讓自己看到了更大的世界，也學會了寬容和理解。更深地瞭解了自己的能力，學會接受以及與自己相處。

曾在朋友圈裡看到一個小故事，據說是年度最佳微小說：

一老頭騎三輪蹭了路邊停的一輛 Land Rover，正愁眉苦臉時，這時走過來一個路人。

路人問：賠得起嗎？

老頭：賠不起！

路人說：賠不起還不跑，等人家來找你啊！

老頭欲言又止，趕緊一步三回頭地走了！這時這名路人拿出鑰匙開著 Land Rover 走了！

人一生當中，最大的炫耀，不是你的財富，也不是你的精明，更不是你的手段，而是一種簡單的理解和體諒！我們都以為自己很有素質，其實是因為我們生活在平和的環境裡。就像所有人都覺得自己很勇敢，但真正災難來臨的時候才能面臨考驗。

真正的素質，不僅僅是在平和環境裡的表現，更是在危難或自己利益受損的時候，表現出來的言談舉止和處事方式。在自己為一點兒小事氣急敗壞的時候，試著換位思考一下，把對方往好了想，或許能平靜很多。這是我對自己的一個新要求，與大家共勉。

二十多歲總覺得沒必要那麼拚，三十多歲才發現只有自己被狠狠地甩出八條街

之前去鄰居家聊天，她跟我提起不久前去參加的一個聚會。聚會上，大家每個人自我介紹的時候，都提到自己的一個社會職務，比如某某總監，某某總裁，公司名號都響噹噹的，輪到她的時候，她都不知道該怎麼介紹自己。雖然自己上著班，但現在的職位和背景根本拿不出手。自我介紹完畢之後，別人都相互握手，觥籌交錯，只有她自己介紹完自己，就完了。

她跟我說：「二十多歲的時候，天天出去High，三天兩頭換工作，沒事就辭職幾個月不上班。那時候覺得，人生那麼長，沒必要跟別人一樣那麼拚，人生又不是趕時間，結果現在三十多了，周圍的人都一個個有模有樣了，自己卻還在底層晃悠。」

人生到底要不要緊追慢趕並不重要，重要的是，可能只有你被落下了。

前段時間有段話特別熱門，大概意思是說，只要沒孩子，人生沒必要緊追慢趕的。可事

實上，說這句話的人，可能說說就去趕路了，但你卻相信並實踐了。

人生就是這樣，特別是在大城市裡，各種各樣的壓力壓得人喘不過氣來，只能靠一些雲淡風輕的段子給自己一點安慰。但睡醒了你發現，周圍的人個個都在你追我趕，你稍微走個神，連地鐵都擠不上去。

說了那麼多年的逃離北上廣，我周圍也沒見誰真的走了。大家還是在地鐵口換上平跟鞋，湧進人潮中，開始一天的奮鬥。

＊＊＊

一個九〇後的小客戶跟我說：「星姐，最近沒客戶，好憂傷。」

我問他：「你不是前段時間超忙嗎？這幾天好好休息下。」

他跟我說：「年輕，不想休息。我要工作，我喜歡被工作壓得喘不過氣來。」

我一邊罵他變態，可一邊又覺得，我年輕的時候也是這樣啊。可能每個人年輕的時候都是這樣，但過不了幾年，就開始學會偷懶了，再過幾年，就懶得抽筋了。

前幾天朋友聊天說，公司新進來一批實習生，一起開會做腦力激盪的時候，特別有事。每個人都覺得自己特別有奇思妙想，但都想得特別不切實際，要麼執行不了，要麼就是在給自己挖坑還不自知。都說年輕人想法多，他們這不叫想法，叫幻想。

我問她，那最後選了什麼創意？

朋友說：「當然是選了我的創意。其實也沒什麼創意，這種長期服務的客戶，每個月的路子都差不多，直接照著上個月改改就好了，沒什麼特別的。」

你看，不是別人愛幻想，是我們壓根都懶得想。我們早就學會了偷懶又討巧的辦法，日復一日地鑽漏洞。我們害怕的，不是新人的新想法，是害怕他們的新想法給我們帶來更多的工作量。反正一樣的工資，幹嘛給自己找那麼多事兒呢？

＊＊＊

我是一個對自己要求特別高的人，經常會自省，特別是到了三十歲左右的時候。我都沒意識到，我都已經三十多歲了。以前看到別人人到中年的時候，心裡都為他們哀嘆一聲，沒想到自己也這麼快就到了。

早教班老師發來簡訊，提醒我替孩子準備明天上課的材料和工具。我翻箱倒櫃地找了半天還沒找全，又感覺帶不全是不是會給孩子丟臉？別的小孩都有，我們沒帶全，會讓孩子很自卑很沒面子吧？

找東西的時候突然想到，這是我第一次做家長作業，以前都在朋友圈裡看別人做，還嘲笑別人，你看，現在輪到自己了。我現在居然是一個家長了，但內心還總覺得自己還懶，想讓人照顧呢。

朋友前幾天開家長會，回來跟我說：「今天好奇妙啊，我居然是一個小孩的家長了，我居然作為家長去開家長會了！」

你看，我們每個人都沒意識到，時光是那麼那麼的快，快到我們沒留神，就被別人落下了；快到還沒足夠長大，就當了別人的家長；快到自己還沒像個年輕人一樣活 High 幾年，心就已經老了。

＊＊＊

以前我是個特別固執的人，只相信自己的感受，不接受別人的意見。最近一段時間，我思考了很多。我慢慢發現，當我試著去相信別人的時候，別人的長處，居然恰好是自己的短處，在一起合作可以無縫地銜接，感覺甚好。

作為一個三十多歲的中年婦女，雖然話越來越少，腦子越來越不好，但內心在試著慢慢開放。以前看不上的人，決定相信他試試看；以前覺得天方夜譚的想法，決定不如仔細想想可行性；以前不屑做的事，不如親自做一做。我發現，時光彷彿倒轉了十年，我又變成了那個神經病一樣的小女孩。為此，我又給自己立了一些規矩：

①堅持每天至少半小時讀書，特別是讀那些自己不想看的書，才能真的增長知識。

②開放自己的內心，多聽別人的意見。如果自己的第一反應是「不」，不妨改成「試試看」。

③多去參加不同的活動，把內心的「不屑」收起來，帶著欣賞的眼光去看一看，而不是批判

和挑毛病。

④多去見不同的人，和不同領域的人聊天說話，才能真正瞭解自己未知的世界。

⑤面對不敢和不想的事情，鼓勵自己多試試，又不掉塊肉，頂多是失敗了，反正也不是名人，不丟臉。

以前每天窩在家裡工作，也經常心情不好，思路閉塞。現在基本上每天中午都安排了與不同領域的朋友和客戶吃飯，經常帶著孩子參加各式各樣的新活動，才感覺生活一直都很好啊，只是自己一直關閉了心門。

前幾天買了一件正紅色的長裙，紅包一樣的紅，脫掉那些一直覺得三十歲就該穿穩重一點的黑白灰，嗯，原來的那個充滿激情和活力的我又回來了。就像那個九〇後小客戶一樣，想工作，想努力，讓暴風雨來得更猛烈些吧！

第四章
意氣風發，讓生命為你喝彩

用自己的雙手，用自己的汗水，
開拓一段意氣風發的人生吧！
天高任鳥飛，海闊憑魚躍，
只要你有能力，只要你肯努力，
這個世界為你準備好了足夠大的舞臺，
你就是舞臺上最閃耀的主角。

三十六歲收費員哭訴除了收費啥都不會，八十三歲清華學霸被阿里巴巴年薪四十萬人民幣爭搶，你呢？

阿里巴巴曾以四十萬人民幣年薪招聘產品體驗員，要求六十歲以上，與子女關係和睦，廣場舞KOL（行銷學術語，指關鍵意見領袖）優先。這則新聞像奇聞一樣在朋友圈傳開。大家都以為是假的，是個噱頭，六十歲以上的人，不頤養天年也就是帶帶孫子了，就算跳廣場舞跳得好，那也是個老年人，還能幹什麼啊？

沒想到幾天後，十個候選人出爐了。

八十三歲的李路阿姨是清華大學畢業的學霸，思維敏捷，言簡意賅，她還是十幾個微信群的組織者，經常參與線下活動。

六十二歲的黃大伯是「IT宅男」附體，直接做了個PPT來介紹自己，「淘寶十二年買家經驗」「芝麻信用分[2]七百八十五分」「熟練操作 Photoshop 設計軟體」。

……

我還不會 Photoshop 呢，我還不是任何一個群組的意見領袖呢，線下活動更是我最弱勢的地方。我感覺自己被一群大爺大媽秒殺了。

看到這個新聞，我立刻想到了另一個新聞：有一處高速收費站要被拆除了，三十六歲的工作人員哭喊著說自己的青春都獻給收費站了，除了收費自己啥都不會，以後怎麼活？

很多人被老頭老太太們震驚的同時都覺得，三十六歲只會收費，其他啥都不會，這能怪別人嗎？還不是自己不夠爭氣。

可是想想，我們大部分人不也是這樣的嗎？

＊＊＊

以前看過這樣一個故事。

美國有一對兄弟，哥哥在五百強公司做高階主管，收入豐厚又穩定，福利還很好。弟弟做計程車司機，收入忽高忽低，生活很不穩定，但一年下來也跟哥哥差不多。

經濟危機時哥哥失業了，收入變為了零，只能靠存款勉強度日，面對高昂的房貸，不知

2 編註：芝麻信用是指阿里巴巴集團螞蟻金服旗下第三方信用評估及信用管理機構芝麻信用管理有限公司推出的個人信用評分。

道如何是好。而弟弟依然在開計程車，完全沒受什麼影響，收入跟以往一樣。

有一位名叫塔雷伯的專家，在分析了大量的類似案例後，得出了結論：越穩定的越脆弱。

就拿咱們說吧，想一想自己如果現在公司倒閉了或自己所在的行業過氣了，自己還會做什麼呢？日常生活裡的自己，有沒有想過多學一樣吃飯的本領？十多年如一日做的一份工作，每天上班跟養老沒什麼區別的日子，真的就是好日子嗎？

畢業的時候，我們都充滿熱情，喜歡刺激，但刺激三年後發現，太累了，能找到一個穩定的工作，有穩定薪水和年假，能帶薪安安穩穩生兩個孩子，產後就一勞永逸地在這家公司養老，簡直就是人生的終極目標。

然而，時代變了。

這個社會正在以無比焦慮的方式，橫掃每一個人的內心。巨大而快速的變化，把那些不思進取、跟不上時代、對身邊世界完全無感、在自己的小世界裡自得其樂的人，狠狠地甩到了身後。

最可怕的，不是你跟不上時代的變化，而是你根本不知道自己被甩開了，並且被自己看似穩定的世界，害得越來越脆弱。

＊＊＊

三十六歲的收費站管理員，以為自己一輩子都能在這個崗位上天天收費，穩定的生活讓他從來不想別的。當社會變化了的時候，他反而跟對方哭訴，憑什麼說拆就拆了？我的青春都獻給你了，你說不要就不要了？那我該怎麼辦？

八十三歲的學霸老太太和六十二歲的ＩＴ大伯，同齡人不是在養生就是在帶小孩，再或者就是在醫院的病床上插著氧氣管。他們的人生，按照大多數人的路線，本應該頤養天年，再說也沒必要再學習用微信，更用不著學Photoshop。可在他們不安的內心裡，因為同齡人的生活充滿了倏忽而至的不確定性，這反倒激發了他們對生活更高的追求。

活到老學到老並不是天方夜譚，現在學到老都能工作到老。這個社會，正在以年齡招聘轉向「技能招聘」，越來越開放和多元化的需求，註定了「有能力就上」的現實終於來到。

在我周圍，這兩年有很多年輕人辭職了。我也曾勸過他們，保留一份穩定的收入有什麼不好呢？現在我明白，是我錯了。那些追求自我的年輕人，已經無法忍受一份穩定的工作要占用自己大量的時間，他們無法接受只能在下班後且還要避開老闆才能發朋友圈進而發揮自己業餘愛好的狀況了。

你發現了嗎？那些真的辭職了的年輕人，都活得一個比一個好，賺錢都是以前上班的很多倍。相反，固守在公司辦公室隔間裡天天抱著保溫杯的人，大部分都以養老的姿態熬過一天又一天。

＊＊＊

形成自己的風格與優勢，建立一項自己的核心競爭力，幫自己建立一個別人拿不走的身分和品牌，而不是社會價值下的職位。

十年前，沒什麼人對這句話有感觸，那時候每個人都以能進入一個大品牌公司做到高階主管、月薪十萬元人民幣為榮。而今天，這句話應驗了。同時，這樣一句話我也深以為然：找到了一個可靠的組織，擁有了一份穩定的工作，但因安於穩定、安於舒服，而在時代的推進中，你會變得越來越脆弱。

不是說每個人都必須辭職自己闖世界，而是說，越是穩定的時候越應該有高度的警惕性，讓自己錘鍊一個別人拿不走的身分，是讓自己能好好活在這個多變世界裡不怕風吹雨打的關鍵。

八十三歲老太太都要年薪四十萬人民幣了，你會 Photoshop 嗎？

世界上最毒的情話，就是「我養妳」

凌晨一點半，我藉口手機訊號不好，掛斷了電話。電話那頭，是一個平日裡並不熟悉的朋友，不知道為什麼，她最近總給我打電話，哭訴自己老公要離婚。他們的故事，我從一無所知，到細枝末節都瞭解得一清二楚。起初我出於禮貌接電話，但後來她不分時間場合地打給我，哭訴起來就掛不斷，甚至到半夜一兩點……完全不顧及我還有老公孩子在睡覺。

我突然有點理解，她老公為什麼要離婚了，我都想把她封鎖了。她反覆跟我說的一句話就是：「當初他說不用我上班可以養我，現在嫌棄我黃臉婆什麼都不懂帶出去丟臉，他就是變心了，不愛我了，肯定外面有人了！」

她哭，她鬧，她找了他身邊所有的朋友幫她挽留，因為沒有他，她活不下去，但所有人都跟她說：「你們還是離了吧。」

我問她：「這十多年，你們也沒有孩子，妳白天都幹什麼啊？」

她說：「一開始的時候經常去旅遊、逛街，後來沒意思就看電視看小說，這幾年開始打牌，但我們這麼久沒有孩子，我年輕不上班老被鄰居說閒話也就不出去了。」

「那妳老公這些年都做了什麼？」

「他上班唄，升職加薪挺快的，現在到中階主管了，經常出差，一禮拜回來一天吧，錢倒是給夠我，但人不在，我前段時間說想要個孩子，我一個人太寂寞了，沒想到他提出了離婚。」

我想起那句話：「世界上最毒的情話，就是『我養妳』。」

＊＊＊

想起了一句很紅的話：「我們都想著要做安迪，結果都變成了樊勝美[3]。」

雖然我們可能沒有樊勝美那樣一個無底洞的家庭，但大多數女人，都跟樊勝美一樣想著找一個有車有房的男人，最好能讓自己什麼都不操心，如果連班都不用上那就更完美了。

別著急否認，我們跳腳地評價樊勝美的價值觀，其實是因為樊勝美戳中了我們內心的小祕密。很多人說，全職太太也有自己的功勞，打理家庭，買米買麵。可這話用在豪門差不多，普通人家哪裡有那麼多事需要一個太太專門打理啊？當然，有孩子的全職媽媽是另外一回事。

3 編註：安迪與樊勝美，是中國電視劇《歡樂頌》中兩位女主角的名字。

大多數人評價一個女人嫁得好不好，不是去看雙方相不相愛、是否有共同的價值觀和努力方向，而是單純地以男人有沒有錢、能不能買房買車作為依據。當然，這也沒什麼錯。但大多數的女人，會因為男人愛意正濃時候的一句「我養妳」，就卸下了所有的重擔，過上了在家吃薯條看八卦劇的日子。

工作是什麼？不是僅僅為了賺錢，更重要的是人與人的交際往來、視野和經驗，面對社會、面對世界的經驗。當一個人已經自信滿滿地走向全世界，一個人只會窩在家裡的沙發上追劇幼稚得像個寶寶，「愛」這麼脆弱的東西，怎麼能抵擋得了人性中的變化？

＊＊＊

前幾天看了篇文章，說一個四十歲的媽媽，在第二個孩子三歲的時候，老公提出了離婚。離婚的時候，她並沒有難過，因為冷暴力早就不是一天兩天了。她說：「當年有了孩子，老公說他養我，讓我安心帶孩子。但這些年老公越來越優秀，我只能跟他聊些孩子今天拉了還是吐了的話，有時候我自己都覺得沒話可說了。這種日子別說他過不下去，我也過不下去了。」

當然，這男人提離婚是挺混蛋的，但需要我們警醒的不是哪個男人不混蛋，而是自己到底該怎麼做？

記得剛生完第一個孩子的四個月產假裡，我把所有的心思都投入在孩子身上，但當我翻開朋友圈的時候，打開同事群組的時候，跟來看孩子的同事一起坐下來吃飯喝茶的時候——我發現，我插不上話了。外面的世界變化太大了，我有點跟不上了。

一個網友寫信跟我說：「我是一個全職太太，剛開始不上班的時候，每次朋友圈發吃喝玩樂，很多人都給我按讚羨慕我。但慢慢地，我發什麼都沒人關注我了，按讚也少了，有時候一個人都不理我，我就特別慌張，每次看到他們在朋友圈裡吐槽加班，轉發行業動態，我覺得我被他們甩了。全職太太不是老公能不能養得起我的問題，而是我該怎麼做才有存在感和成就感的問題。」

＊＊＊

有一位嫁入豪門的朋友問我：「妳老公這麼優秀，妳還這麼拚幹什麼？」我說：「可能因為我有病，就是那種不賺錢不工作就找不到自己價值的病。」

做女人挺累的，要生孩子，而孩子在成長過程中也會跟媽媽更親密，媽媽自然付出的時間、精力就會更多，同時還要用心工作，讓自己有進步有存在感和價值感，感覺分分鐘都要活分裂了。但如果真的不用上班了，可能身體是不累了，過不了多久，妳的精神就開始崩潰了。因為妳的世界裡，就只剩下妳老公了。他跟妳瞪個眼，妳都會覺得天要塌了。

女人是感性動物，很容易陷入另一半的甜言蜜語裡不出來，並幾十年如一日地相信某句誓言，殊不知外面的世界已經天翻地覆，身邊的人也可能早已物是人非。其實不是對方變了，而是妳自己一直沒變。「我養妳」這三個字，是愛妳，但也能廢了妳。

著名兒科醫生崔玉濤老師說過一句話：「每個媽媽在家裡也要打扮好，因為孩子每天都會面對妳。當有一天孩子跟妳說別人媽媽真好看的時候，不是別人真的好看，而是因為妳每天蓬頭垢面地待在家裡面對著妳的孩子。」這句話用在夫妻關係上，也是一樣的道理。

前幾天有個朋友找我借錢，結果……

借錢，能不能找個好理由

前幾天，有個朋友找我借錢。我問她：「妳是缺錢租房嗎？需要多少？」她跟我說：「我表弟上大學想要買個特別貴的電腦，我幫他借點，妳有多少給我多少吧。」我挺驚訝的，如果是在北京租房生活過得難，我幫忙，但妳表弟買電腦，還要特別貴的，這跟我有關係嗎？我電腦才四千塊人民幣用了好多年呢！

於是我說：「不好意思，我的錢也剛都放銀行理財了，我剛生完孩子了，只留了一些孩子用的錢。」

對方說：「那妳都給我吧。」

我有點凌亂了，我問她：「那我孩子呢？」

對方說：「妳不是有老公嗎？妳用妳老公的錢就行了啊。」

啥？

我想起了前段時間，一位男性朋友找我借錢，跟我說：「我想找妳借二十萬人民幣，我老婆生完孩子不願意去上班，三四年了家裡就我一個賺錢的，挺困難。妳也有孩子，知道養孩子挺花錢的。我準備用二十萬人民幣頂下來一個店，每年出租賺錢，分四年還給妳，一年還給妳五萬人民幣。如果妳覺得相信我，就借給我，要是大哥有意見，我找大哥說說。」

大哥沒什麼意見，我有。

我覺得你要是孩子突然生病了，太太身體不好無法上班賺錢，我都能理解，但你老婆產後不工作賺錢，不為家裡做貢獻，跟我有什麼關係？

你知道我懷孕九個月挺著大肚子還天天工作到夜裡兩點嗎？你知道我每個月只能月底放鬆一兩天不工作嗎？同樣是女人，都產後三四年了，工作一下不行嗎？

另外，你拿著我的錢去投資，你賺了錢，給我本金？我為什麼不能自己拿錢頂個店面去出租自己直接賺錢呢？

以前有個大咖寫了篇文章叫〈被遺忘的承諾者〉，說自己多少年前資助過一個大學生，之後就忘記了。幾年後那個受助的年輕人打電話說要加利息10％還款給他。這本來是個特別感人的故事，特別正能量。結果微博發文後的幾天，作者收到了幾百人私訊要求捐款，總金額達到一千多萬人民幣，而理由也都很奇怪——有人要還信用卡，有人要學開車，有人要結婚買房，有人要打麻將，有人要買手機，反正沒一個人是什麼大困難，但都裝可憐窮得不行。

這個大咖在一次採訪中說道：「在那上面很多都是年輕人，看他們以前的微博，都是在學校裡吃喝玩樂的、用 iPhone 最新款的，怎麼在私訊裡都說得特別可憐，就跟天塌下來似的，不幫助都不行那種。哎呀，覺得世界之大無奇不有，善良的人看到善良的東西，無恥的人看到無恥的東西。」

借錢，是一個特別顯人品的事

朋友小米昨天在朋友圈裡說，經過過去幾個月超級辛苦的工作，終於還清了買房時跟別人借的錢，終於無債一身輕地躺在自己家的床上，終於心裡沒有負擔地美美睡一覺了。

這年頭，買房能跟銀行借錢都不易，更別提跟個人了，特別是幾百幾十萬人民幣的錢。小米這個人，大氣又守信用，她借錢的時候，所有人都願意借給她。她還錢的時候，都按年利率6％的利息連本帶息地還錢，不足月的都按照多的整月算。這麼仗義的年輕人，讓我覺得特別欽佩。

我是個不敢問人借錢的人，我膽小，怕自己還不起，也怕欠了人情。曾經我買房的時候，錢周轉不開，找朋友借了十萬塊錢人民幣，等自己拿到錢要還的時候，追了朋友兩三天才要到銀行帳號還回去，那時候我就發誓，這個朋友一輩子，只要有用得到我的地方，我一定鼎力相助。

借錢這件事，有時候也能讓感情加深

有一次老公頸椎扭傷去了醫院要拍核磁共振，我在旁邊扶他躺下的瞬間，書包被機器吸了一下，當時就覺得，會不會把卡都消磁了。

等到繳醫藥費的時候，果然，一張卡都刷不出來了。正好朋友打電話給我，我正在提款機上一張張刷卡，忙得二五八萬的。朋友聽說後立刻開車來醫院給我送錢，還買了涼皮兒擔擔麵夾肉餅，怕我和老公餓著。雖然蹲在醫院裡吃涼皮兒感覺不太對勁，但患難之間見真情，我們結成了兒女親家。

之前一個親戚問我借錢，中間家裡急事缺錢，被逼無奈把錢問人家要回來了，挺不好意思的。等我有了錢又趕緊給人家送去。對方說什麼都不要，畢竟那時候我家也沒多寬裕，但我覺得人家當初跟我開口肯定是有用，我要回來特別不好意思，就算現在我這錢對人家沒那麼急需了，但有點錢放在身邊備著也是好的，推來推去，把錢給了親戚。同樣是借錢，但我覺得我們之間的感情還加深了很多。彼此都怕對方沒錢不好過，為對方著想。

錢是王八蛋，但錢也是試金石。

你不是焦慮，而是不能接受比別人差的人生

以前聽一個私立名校的校長分享，提到教育焦慮的時候，校長說：「家長對教育的焦慮，並不是因為孩子學得不夠好，歸根結底是因為自己對孩子的教育路線沒有規劃，到處攀比。我家的孩子就沒有焦慮，也沒有看著別人學什麼而焦慮，因為我們全家早就制定好了孩子的教育路線，只要按時沿著這個規劃走，根本不會焦慮。」

簡直一語點醒夢中人。

現在全民都在焦慮。沒房子的為房價上漲焦慮，有房子的為要不要再買一間焦慮，有孩子的為學區住宅焦慮，上了學的為要報什麼補習班焦慮，單身的為父母催婚催生焦慮，已婚有孩子的為什麼時候要二胎焦慮……仔細想想，我們的焦慮不是因為自己真的差，而是因為對比。看看別人，有房有車有二胎，別墅洋房出國遊，自己也很努力了，為什麼跟別人的差距還是那麼大？

對自己沒有任何規劃，所以天天看著別人對比自己，用別人比自己好的生活，作為自己

的生活目標，發現一輩子不管怎麼努力都比別人差一步，這麼比誰都會焦慮。

＊＊＊

我們這代人，從小沒有對自己規劃的意識，一直都是看別人做什麼自己就做什麼，千萬別被落下。人人都哭喊著父母不能隨了自己意，但真的給你點自由度，立刻抓了瞎。選什麼工作，是不是要跳槽，主管難搞怎麼辦，統統都讓人焦慮得睡不著覺。

說到底，我們既沒有為自己規劃人生的能力，也沒有為自己的決定買單的勇氣，只能用別人作為參照物，來為自己做出每一次選擇。可作為一個成年人，連日常生活和工作的小事都不能為自己做個決定，那你未來的人生還那麼長，該怎麼過呢？

我有朋友是做人生和職場規劃的，他跟我說：「大部分諮詢的人，都是三十歲以後才來諮詢，這時候才發現自己的人生走錯了，想重新開始。說起來容易做起來難，特別是看到當年讀書比自己差的同學在小城市都混得有車有房，孩子都上學了，自己還沒結婚，就更不能接受了。與其說他們為自己的生活狀態焦慮，其實他們是不能接受自己比別人差的人生。」

＊＊＊

朋友跟我說：「我一個親戚孩子在我這裡工作，每天說不得罵不得，天天想著怎麼能暴富。稍微努力一點點，就覺得自己應該得到全世界，遇到點困難就哭訴為什麼別人都那麼輕易能成功，生活對自己為什麼這麼難，特別焦慮，焦慮個屁。」

特別是如今，我們生活在一個一夜暴富和標題泛濫的世界裡，每天有無數的故事告訴你，那個誰誰誰，以前過得很差，透過某某事情，融資一個億，現在成了創業名人，資本大咖。

大多數人，不懂融資和創業，以為一個億都是自己的，一對比，呿，自己太失敗了。

我以前的一個實習生，最近去了一個風投公司工作。前段時間找我，說自己賺錢太少了，有沒有好工作介紹。我覺得風投應該不會錢太少吧，一問才知道，畢業剛兩年，月薪三萬多人民幣，這個錢還少？

他說：「每天那麼多同齡人創個業，我們就給投幾百萬人民幣，我才拿兩三萬人民幣，我覺得自己太差了。」

你看，照道理說畢業兩年月薪三萬人民幣很高了對吧，你還焦慮什麼？整個社會很大一部分人的焦慮，在於對成功者的嫉妒和對一夜成名的幻想，越著急越成功不了，然後越來越焦慮，最後就變成了鍵盤魔人在網路上抨擊社會。

＊＊＊

有段時間房地產太熱了，每天都有一堆文章來說房子的事情。開始有很多吐槽的文章，得到了很多人的贊同，但陸陸續續有了冷靜的聲音出現，比如衩姐的一篇文章《憑什麼替北京難過？北京並不欠你什麼》，文中提到「他們口中的『生活』，其實是指『發達』，哭訴『生活不易』，哭訴的根本是『沒有發財』。」太多人只是想在北京發達未果，因此哭訴生活不易。

以前我也很焦慮，看到別人畢業就有爸媽老公給買房買車，我周圍也有家裡直接給買大別墅登記名字是自己的朋友，還有人畢業後遇到好機會一下子飛黃騰達買房買車……後來我發現，自己什麼都沒付出過，就是眼巴巴地看著別人越來越好，心裡越來越嫉妒難受。沒買房看別人有房焦慮，買了房子覺得自己的不夠大升值不夠快焦慮。可時間久了我發現，我的焦慮，並不是房價越來越高，而是看到自己比別人過得差，心裡就著急。

雖然我也覺得房價很高，房貸對自己也是一種壓力，但我並不同意買房子就降低了人的生活品質這種看法。房子這種東西，本身就稀缺，肯定要付出一定的代價才能得到，普天之下，都是這個道理。多少人為了一個包包或者一個奢侈的心愛之物，節衣縮食都在所不惜，但到了房子這裡，需要超水平奮鬥的時候，就開始想不勞而獲了，想什麼美事呢？

不過說實話，我周圍沒什麼房產鍵盤魔人，也沒什麼焦慮的人。我周圍的人每天討論的都是努力奮鬥爭取全額付清買第二間房，奮力工作爭取五年內提前還完房貸，好東西那麼多，得趕緊賺錢買買買。

前幾天，朋友小米跟我說：「星姐，我開始為第二間房子奮鬥了！」我說，妳這第一間的錢剛還完，不要著急。小米說：「星姐，我覺得第一間七十平方公尺，以後有孩子住不下了，所以我要為大房子去奮鬥了！」

每天活在這種人的圈子裡，我連懈怠自己的機會都沒有，真是太讓人焦慮了。人，首先要有精氣神，才可能用目標引領你前進。如果整天都在吐槽和焦慮，那你一輩子都只能做個鍵盤魔人。你以為房價太高你焦慮？那以前很低也沒見你買啊！你只是不能接受比別人差的人生，給自己找了一個完美的藉口而已。

問問自己的心，是這樣嗎？

當初嫁得好的人，現在都怎麼樣了？

大王晚上跟我說：「二井離婚了，她說自己最後悔的，就是結婚後再也沒有出去工作，一直在家裡吃喝玩樂。」

二井是個富二代，十年前大學畢業的時候，找了另一個富二代結婚了。在我們看來，這是一樁很門當戶對的婚姻，兩個有錢人的結合，一定會更有錢。二井結婚後在我們圈子裡就默默消失了，大家都在朋友圈裡關注她。每天的生活內容基本上是買買買、逛街、打扮、整容，雖然越來越不像她了，但好在我們還能認出來，也確實比起小時候的嬰兒肥，漂亮了很多。

最近幾年，聽說二井的老公生意不好做，每天很著急，回家心情和態度都很不好。然後就聽說，他們離婚了。

富二代離婚了，也還是富二代，但對於富二代來講，相對於錢，二井更看重自己失去了自己的感情和另一半。二井說，她最害怕的不是老公的生意變壞了，而是面對焦躁的老公，自己什麼忙都幫不上。不懂生意，甚至不知道該怎麼跟老公聊聊外面的事情。如果時光重來，她希望自己不要死守在家裡，每天也不用買買買，多出去工作體驗生活也行，不為錢，就為了瞭解和認識一下外面的世界。女人在家裡窩的時間太長，就變成了一個碎嘴的婦女，每天關注的就是八卦和鄰居瑣事，可自己明明是個環遊過世界的富二代啊！

＊＊＊

除了二井，當年我們覺得也嫁得很好的小白，也在十年後的現在鬧離婚。小白不是富二代，但也算家境尚可。在我們都大學畢業開始累成狗的工作後，小白嫁給了培訓班裡認識的一個男生。那個男孩子很能幹，家境也好，剛畢業就考到了當時待遇最好的外商，小白三天打魚兩天晒網地工作了半年後徹底不上班了。

我們當時都好羨慕她啊，因為自己天天被老闆罵成一坨屎。小白天天在家看電視看小說，老公賺錢她來花，聚會的時候還能貌美如花。只是十年後再聚會的時候，大家紛紛成了各個領域的兩把刷子，至少吹牛還吹得都不錯，但小白已經跟大家沒話說了。我跟大王努力地想找點話題跟小白聊天，但遺憾的是，無論我們說什麼，小白永遠對不上我們的點。無論我們說什麼，小白永遠是眨眨眼睛問：「這是什麼？這怎麼賺錢啊？」

小白還是當年的小白，什麼都沒變，連從不化妝都沒變，只是其他人都變了，沒人再羨慕她了。

大王跟我說小白老公想要離婚，小白說什麼都不同意，每天哭天喊地，覺得自己付出了一切青春，憑什麼你說離婚就離婚。可說實話，小白也沒付出什麼，哪怕一頓飯都沒給老公做過，每天就是看八卦看電視劇，連廚藝也沒什麼長進，可老公已成長為公司裡的中流砥柱，回家卻一口熱茶都沒有，一句能分享的話都說不出來。

我問大王，那小白怎麼想？

大王說：「大家都忙著賺錢，誰有空管她怎麼想？當年咱們一起的朋友，現在都混得很不錯了，不是我們不管小白，是真的說不上話了。誰現在提這事，小白就拉著你的胳膊哭一整天，翻來覆去就那幾句話。十年啊，誰不知道錢就是底氣，我這種大學校園裡的二百五都開始努力賺錢了，你說她怎麼就不著急呢？」

有時候不是自己不著急，而是習慣了一種輕鬆的生活，就沒辦法緊張起來了，習慣了唾手可得的生活，就無法接受付出很大努力才能得到一點點的生活。

＊＊＊

以前我覺得，女人一定要自己賺錢自己花，但那時候我忽略了，不賺錢的全職太太和全職媽媽也有自己的價值，甚至價值更大，不能用錢來一刀切地衡量，這是一種狹隘眼光。

現在覺得，女人一定要有獨立生活的能力，無論是有錢，還是有方法，還是有能力，都可以。只要是讓自己感到安心，就算身邊的男人有一天因為任何原因離開自己，自己也依然有好好活下去的能力與勇氣。

自從有了孩子以後，生活圈子大了很多很多，也認識了很多全職媽媽和太太，能把全家人都打理得井井有條，幸福安康，讓人羡慕得不得了。她們中的很多人，照顧家裡的同時，也不斷地拓展、提升自己，很多人在孩子上幼稚園之後，還開創了自己全新的小事業。賺錢不是最重要的事，接觸外面更大的世界，不要讓自己落在時代的後面才更重要。

以前我覺得兩個人都要賺錢，現在覺得家庭裡每個人都是有分工的，每個人都要擔負起對家的責任，包括賺錢，照顧老人孩子和彼此，家庭責任並不是某一個人專屬的，不能把所有的責任都壓在某一個人身上，另一個人就可以遊手好閒，過著小嬰兒般不管不顧的生活。

結婚，是一件特別嚴肅的事情，每個女孩都想嫁得好。以前理解嫁得好就是嫁給一個有錢的男人，過上衣食無憂的生活。但結婚以後才明白，沒有誰能保證誰一輩子衣食無憂，親爹都不一定能保證。嫁得好更多是指嫁給一個彼此相愛並且有信心一起努力就能過得更好的人。

五年，十年，甚至更久……每個人在心底默默地攀比，自己有沒有比別人嫁得好。但嫁得好，不是指結婚那一天，而是更久的未來，我們有沒有能力，把生活過得好。

結婚，不是嫁給一個更好的人，而是嫁給一個相愛的人，讓自己變得更好。

覺得自己很強時就看看這個，立馬沒電！

差距，是一目了然的事

我朋友圈有幾個房產仲介的朋友，都是賣別墅豪宅的，每當我覺得自己很強的時候，就去翻翻他們的朋友圈，把豪宅的照片一張張看完，自己立刻就沒電了。不是覺得自己沒鬥志了，而是覺得自己這點努力真是啥都不算。

朋友跟我說：「明天我要去買別墅，希望能爭取拿下。」

我問他：「多少錢的，別墅還需要爭取拿下？」

他說：「一千萬人民幣。」

「全額付清？」

「嗯！」

你看，這就是三十歲以後的世界，當你覺得自己還挺厲害的時候，隨便問問周圍的人，就能立馬沒電。你可以說，不比較不就行了？幹嘛非要跟別人比？不是比不比的問題，是你隨便一抬眼，就是差距，這是一目了然的事。

你不會，那就不是你的機會

三十歲以後的人生，為什麼會有這麼大的差距呢？差別就在於三十歲之前的積累了。

之前有一位出版社的朋友問我，能不能請我翻譯一本文言文書出版。我覺得這件事特別有意思，很有意義，但是卻不得不說：「對不起啊，我的文言文和歷史程度太低了，做不了。」

你看，很多機會來的時候，你不會那就不是你的機會，也不存在錯過。從三十歲之前你懶得抽筋不想學不想吃苦開始，三十歲之後，這些機會就跟你沒關係了。

現在知識變現是個特別熱門的事，很多人都想摻和一把，但關鍵是，你有知識嗎？三十歲之前吃喝玩樂的時候，沒想到「書中自有黃金屋」原來是真的，而且還是暴富級的。

膽子大的人才有可能暴富

成年人的生活裡沒有「容易」二字，生活總是會越來越艱難。而這種難度，不是僅僅是努力就能跟上的，相反，更多的是格局和視野，來決定三十歲以後你會過上怎樣的生活。

有次跟朋友們聊起房價，談到早年買的房子，現在已經一平方公尺十多萬人民幣了，後悔當初買太小了。可是當初沒錢，也不敢找親戚朋友借，怕欠人情，怕還不起。還是自己的膽子太小了，對自己的未來沒有設想，不知道未來能賺多少錢，也就不敢隨便借錢。相反，朋友最近貸款了一千多萬人民幣買了一棟別墅，我覺得這對我來講是天方夜譚，膽子太大太大了。但反過來想，膽子大的人才有可能收穫得多，只想安穩生活什麼風險都不敢承擔的，自然也收穫不了太多額外的嘉獎。

而這個膽子大小，跟自己從小的環境和家境有關。小令跟我說，她做生意以後才知道，自己很少敢大筆地砸錢，因為自己從小的生活都是需要考量和平衡的，而那些有錢人家的孩子不需要考慮和平衡，便能一擲千金地砸下去，收穫比自己多得多的回報。

每個人都是自己的榜樣

如果說三十歲之前靠勤奮可以成功大半的話，三十歲後要盡可能地出去走一走，看看更大的世界。就算自己在某一個領域已經非常成功了，也要走出自己舒適的圈子，去看看不同的世界，否則，老本三年就吃空了。二十歲落魄了還能再戰，三十歲落魄了再戰的勇氣會少一大半。

有個朋友的公司受到競爭對手的攻擊，我問他準備怎麼辦。他說：「不怎麼辦，我現在要集中精力把我的產品做得更強大。其他事情我不關心，我要專心做需要我的事。」

你看，這就是我跟他的重大區別，我會糾纏在怎麼辦上，而他會去看最核心的事情是什麼。這就是我和一個身價幾千萬人民幣的富豪最大的差異。

三十歲之前覺得我最行，誰都不放在眼裡；三十歲之後覺得周圍的人，都有值得自己學習的地方，都是自己的榜樣！

沒在深夜痛哭過的人，不足以談人生

我不是明星粉絲，也從不追星，但對於小S，我經常有空就專門找她的微博看一看。我喜歡小S，因為她真實不做作，因為她大膽，甚至於喜歡她拍自己的素顏。刷微博的時候，看到小S生日深夜爆哭的消息，以為是喝多了，畢竟很多人喝多了容易失控。但看了好幾遍影片和相關新聞之後，有點心疼這位曾經的小仙女。

認識小S是從我其實也沒看過幾集的《康熙來了》，繼而零零散散地看了很多關於她的報導，早年那個在姊姊光環之下的普通女孩，還有那個在與黃子佼分手後痛苦萬分的女孩，已經連續生了三個孩子，甚至於她產後透過健身迅速恢復了身材，還讓當時單身的我暗暗發誓，以後也一定要像她一樣拚出好身材（然而我現在生了兩個也沒做到這一點）。

她每生一個孩子，網路上就有無數人在吐槽，討論是男孩女孩的問題。

對於任何一個普通人來說，誰不願意兒女雙全？有三個女孩想要個男孩也無可厚非吧。很多人吐槽她給孩子隨便穿穿就出門了，其實小S並非不懂打扮，或許只是希望孩子從小生活得普通點，而不是用富二代的吃穿標準來過活吧。

至於她老公許雅鈞，一直緋聞不斷，有時還要小S出來當眾道歉。心疼小仙女。很多人覺得她在撐面子，很多人覺得她是假裝幸福。生日爆哭的影片一出來，好多網友在竊竊私語，一定是婚姻亮了紅燈，才會哭得這麼慘痛。

可事實上，誰在深夜沒有痛哭過呢？誰的婚姻沒有吵過架呢？

＊＊＊

婚姻，是每一個人踏上社會之後的必修課。就算嘴上說不想談戀愛的人，內心也沒有不期待愛情的。但大多數人，對愛情的理解不是柴米油鹽，而是偶像劇裡溫柔體貼、多金還帥的「歐巴」。期待太高，失望更高。

現在婚姻感情類的文章很紅，因為太多人在感情中失望太多。每個人都以偶像劇第一男主角的人設來幻想，結果結婚後發現連偶像劇裡的反派人物都趕不上。我記得單身的時候，一個已婚同事跟我說：「好好享受單身吧，等妳結婚後會發現，妳想喝杯水，都必須自己起身去倒。」當時我覺得特別震驚，天哪，這樣的感情為什麼還要結婚？

前段時間一個離婚了的朋友來找我聊了聊愛情和婚姻，當年她也是一枝花，放棄了很多條件優渥的青年，跟一個普通男孩結了婚，就是圖他對自己寵溺得要上天。寵溺到什麼程度呢？她在家踢倒一個玻璃瓶子，都要打電話給老公哭一場，等老公回來扶起瓶子來。電腦崩潰了，也要打電話給老公哭一場。隨著男人的步步高升，當男人在公司和員工開大型會議的時候，接到老婆來電，哭訴瓶子倒了的時候；當她覺得自己有點感冒，老公就不該去上班而應該全心陪伴的時候……老公先崩潰了。

她跟我說：「被老公提出離婚之後我才知道，婚姻是一個人真正走向獨立的開始，從自己衣來伸手的娘家，走向自己獨立的家庭。就好像從員工身分辭職，成為一個公司的合夥人。婚姻裡的愛，是齊心協力往前走，互幫互助攜手並進的關係。但之前我對愛情的希望，是把另一個人當爸爸，寵溺自己，慣著由著自己，什麼事都不用管，有事喊一聲就幫自己辦得妥妥的……這也是我們大多數人對愛情失望的原因，也是很多單身的人覺得不幸福的原因。」

＊＊＊

小S深夜爆哭說：「婚姻的每一步都很難，我希望你們都能撐到最後。」

對於三十九歲生日的小S，深夜痛哭的絕不僅僅是婚姻。人生的每一步都很難，但我們都要撐著往前走。職場危機，孩子成績，婆媳關係，閨蜜撕破臉，人一旦真正走入社會，每一天都有新的打擊。

如果說離婚就可以終止愛情的痛苦和傷害，那來自自身的麻煩不斷，又應該如何處理呢？

我陪很多人痛哭過，有人因為車禍去世的男友，有人因為子欲養而親不在的父母，有人因為上有老下有小的中年生活，有人因為努力半天還是無法管教的孩子……我們努力，我們掙扎，我們在自己越來越老的生活裡盡全力過好每一天，但人人有本難念的經，天天過得好像在水逆。

現在中年危機這個話題非常熱門，更多是因為，原本中年危機裡的焦慮和迷茫，已經大大提前了。看著周圍的人一個個超越了自己，甚至上學時候的後段班同學都比自己混得好，說不著急是假的。看到別人比自己過得好，內心都特別受不了。可人生，偏偏是個逆向的過程，年輕的時候沒幾個人能意識到努力和奮鬥的重要性。等年紀越大越發現體力智力跟不上，身後卻還有小鮮肉和小仙女們直逼倒戈。以前老闆跟我說，三十歲之前的努力程度，決定你三十歲之後過怎樣的生活，等真到了那一天回頭看，人生越來越難走，甚至難到哭都哭不出來。

很多人覺得我是個很順利的人，不光上學工作順利，連結婚生子都特別如願以償。但事實上，我仍然每天生活在各種焦慮和迷茫中。不知道自己未來的發展方向，不知道未來孩子的教育自己能不能駕馭得了，夜夜熬到半夜，為了讓自己更加精進一步。說不自私不貪心都是假的，誰不想要更多更好呢？我一直覺得，是自己想要的太多了，才遇到那麼多的困難，把自己的頭髮都熬白了十來根。但有一天突然明白了，人生本來就是一個怪獸接著一個怪獸地打，也理解了當年書裡的一句話：「一帆風順，也是一種平庸。」

我也曾壓力大到在深夜裡發燒，我也曾因為太過焦慮未來在噩夢中驚醒，但是夢醒之後，路在腳下，明天在自己的手上。所有的成績，都是一步步熬出來的，每一個煎熬的日子裡，都有過想罷工不幹了的那一刻。

你以為小S只是在哭自己的婚姻嗎？

不，她只是在生日的當口發洩來自生活的種種壓力——那些對她的冷嘲熱諷和落井下石，那些遇到過的好人壞人。她跟我們所有人一樣，在漫漫人生面前，都只是一個普通人，會受傷，也會難過，會發洩，也會痛哭。只是哭過之後，她還是我們美麗動人的小仙女啊！

而我們每一個人，也在焦慮煩躁的每一天裡，哭哭走走，愈挫愈勇，一邊受傷一邊學著堅強，一邊努力一邊從頭再來。我們在自己的人生裡迷茫又堅定，掙扎又彷徨。我們慢慢長大與自己和解，慢慢在人生的砥礪中，學會堅強，學會柔軟，學會愛與被愛，學會在漫長的人生裡，好好愛自己。

五十二歲煎餅大媽月入十幾萬，送女兒出國留學，開煎餅學校，把煎餅賣到全世界，而你卻覺得她Low

以前一個煎餅大媽的一句「我月入三萬人民幣，還差你一個雞蛋」橫空出世，把煎餅大媽推到了眾人面前。之後在電視上看到一個五十二歲煎餅大媽的演講，這位大媽從事煎餅行業十年，現在開了三家分店，還開了全國第一所煎餅學校，女兒在國外讀研究所。

十年前，四十二歲的她是個差點連孩子學費都付不起的失業媽媽，為了讓懂事的女兒能跟別的孩子一樣，想吃什麼就能吃，而不需要懂事地說「媽媽，妳給我買最便宜的就行了」，她每天三點起床，磨麵粉，切蔥花香菜，自製醬料，從一個被路人嫌棄的煎餅大媽，做到了今天，取得了這樣的成績。

站在演講臺上，大媽完全不像專業的演講選手，我一直以為她在做自我介紹，結果介紹了一半我就哭了。

不知道你們能不能理解，那種敬佩別人到無語、又被其真情和溫暖所打動的感受，再對比一下糟糕的自己，真的無語凝噎。

這個世界總是用金錢來衡量成功的定義，但在金錢背後，真正打動你的，是真情和真誠。

十年，大媽堅持下來的動力就是——為什麼人家的孩子想吃什麼買什麼，為什麼我的孩子就不能？不管多難，我也要靠我自己，給孩子闖出一條路來。絕不能放棄，堅持賣下去，不管是颳風還是下雨、一天都不能歇。

正是這樣的堅持，讓她在十年當中，不斷精進自己的煎餅技能，一直走到今天，站到舞臺上，給大家分享自己煎餅王國的故事。

我把這個影片發到了朋友圈裡，有位前同事留言說：「不就是個賣煎餅的嗎？月入二十萬人民幣我都不會去，太 Low 了，給孩子丟人。」我隨手打開他的朋友圈看看，第一條就是為三十五元人民幣一碗的牛肉麵肉放得不夠多而拍照吐槽，我賤兮兮地在評論裡寫了一句：「三十歲還為牛肉麵裡的肉塊多少而吐槽，給爸媽丟人。」

在他把我封鎖之前，我把他先封鎖了。

一個三十歲還在為牛肉麵裡幾塊牛肉斤斤計較的人，認為一個四十二歲開始創業、靠擺攤煎餅起家、年入百萬人民幣的大媽丟人，除了封鎖，真的不知道該做什麼了。

＊＊＊

經常有人問我：星姐，下班後做什麼能賺錢？

對於這種從來不想問問自己有什麼技能和想法，一上來就談錢的人，我一貫的回答就是：洗碗，賣咖啡，賣漢堡。簡單好做，都是時薪。而對方總會回答我：「妳是說累了一整天，下班後還去餐廳打工洗碗？那能賺幾個錢呢？還不夠丟人的。」

那你別賺了，在家躺著看看電視吧，光想著要錢而不想付出！你要找得到能不付出就賺錢的好事，也跟我說說，我也去做。有句話說得好：「大城市裡最底層的人群，其實是辦公室隔間裡的上班族。」這句話雖然有點絕對，不能一棒子打死一群人，但說得不無道理。隔間裡的上班族看不上很多人，甚至看不上富豪榜上的企業家。

以前有個前同事找我聊天，說在做一個民營公司的專案。這家民營公司做得很大，全世界都數得著。她自從接了這個專案經常要去出差，這家公司在一個小城市裡，雖然很大，但透著濃濃的鄉村風，無論什麼都特別土，從一線的工人到大老闆的椅子，通通不起眼。

這位前同事吐槽了半小時之後，我問她：「都這麼差，那是怎麼做到全世界都有名的啊？妳沒研究研究？」

前同事說：「肯定有後門有關係唄，民營公司還不都是那樣？妳不知道哦，他們的工人每天都要喊口號，就像美髮店早晨都要在店門口做操一樣。我第一次看到都驚呆了，現在還有這樣的公司，太嚇人了。」

我問她：「人家可是全世界都數得著的企業，靠哪兒的後門啊？妳說的那是企業文化，沒什麼奇怪的吧。」

前同事喝了口茶皺起眉頭說：「天哪，我跟妳說，他們員工對老闆的態度，就像看到神一樣，特別崇拜，千恩萬謝的，現在哪有這樣的，真無法理解。」

「這有什麼不能理解的，這種大型私人企業，肯定很多人家夫妻都在裡面工作，小城市裡的人，能在這種穩定又有名的企業裡工作，都會很滿足的，妳這種大城市裡的上班族，是理解不了那種情感的。」

「反正我就是覺得太 Low 了，可能跟老闆是農民有關吧，反正就是太土了。做完這個專案，絕不能再接這種客戶。」

哦，你愛接不接，反正人家全世界都有名，人家老闆是富豪榜上的名人，你是月入一萬多人民幣的小白領，喝個星巴克都要拍照發朋友圈的人，隨你便。

說實話，農民出身的老闆能做到今天的輝煌，這難道不該值得敬仰嗎？我要是有這個機會到這樣的企業出差，我恨不能一起喊口號。

＊＊＊

自從辭了職，我也想過做很多事賺錢，聽到別人賺錢的消息自己也蠻心動的，可有的錢自己沒能力賺不到，但對能賺到的人，從來都心存敬畏，比如很多人都看不起的微商。

我不是說那種賣假面膜的微商，我是說朋友圈裡賣賣衣服水果海鮮零食枕頭床單的人。

我對他們心存感激，因為我都靠他們才能足不出戶地活。

熟悉我的人都知道，我推薦的人和東西，沒有不好的，因為都是我買過很多次的店家，也跟賣家有很深的交情，大部分時候，我也知道他們的發家史。比如某個賣外貿的小店店主，每天早晨六點更新朋友圈，七點帶孩子出去晨練，白天拿貨、發快遞、再更新幾次朋友圈。每天幾乎十八個小時抱著手機，你隨時找她隨時回應，全年無休。

很多賣家跟我說：「星姐，妳口碑好，幫我們做代理吧。」

我說不行，我做不了，我脾氣不好，一個人問問題超過三個我就火了，吃不了這碗飯，這錢我活該賺不到。

光我知道的，一個賣童裝的，現在在自己小城裡有八間房子；賣外貿雜貨的，現在在當地還開了一個咖啡館，養兩個孩子；賣乳膠枕的，剛買了別墅……這都是貨真價實的，很多人看不起的微商，可真的就這麼厲害。

舉這些例子，我只是想說，行行出狀元，煎餅攤能月入十萬人民幣，賣小外貿的也能開得起咖啡館……對於賺錢，靠的是一口勇往直前的勇氣，而吐槽看不起誰，並不能讓你發家致富。

再說了，你看不起誰都無所謂，反正你還是窮，人家還是又美又富又有才，賣貨賣到全世界。這就是這個世界，你再看不慣也沒用，絲毫不影響人家的生活，而受影響的只有你！

在醫院住院二十天才知道的真相，竟然是……

我媽出院了。

二十天，從急診住院到開胸大手術到出院，像一場夢。作為一個很少來醫院的人，從未在醫院待過這麼久的時間。這二十天裡，使我第一次有了那種人到中年上有老下有小的感覺。白天穿梭在家和醫院中間，晚上熄燈後在醫院走廊裡工作。在醫院的每一個晚上，我都在迅速地思考未來，腦子轉得飛快。

人到中年的擔當，原來是一夜之間形成的

我跟朋友說，這二十天，我彷彿突然進入一個陌生的白色世界裡。在這裡，每一天對我而言都是全新的，有壓力有挑戰，有陌生的一切也有不斷進步的成就感。以至於最後一天我媽出院，車開離醫院大門的時候，我還有一點失落。總是在電視上看到醫院的種種，而自己親身經歷過之後所帶來的感動和震撼，每天都刷新人生體會。

我們的自責和壓力，都是外人無法想像的

第一次跟主刀大夫談病情的時候，是週一下午，我的內心是忐忑的。對一個身體健康，很少來醫院的家庭來講，因為腹痛被查出心臟病，急診入院又緊急住院，整個過程都是馬不停蹄來不及思考的。周圍的病人家屬都誇我們樂觀，其實是沒反應過來。坐在醫生面前的我非常鎮定，但其實是傻了。

二尖瓣置換、三尖瓣修復、心房顫動射頻消融、左心耳切除、血栓摘取，醫生耐心又細緻地給我講解了病人的一系列病情和手術方案，對於其間可能發生的風險一一作了說明。做得越多越複雜，開胸時間越長，風險就越高，其中心房顫動只有70％的成功率。也就是說，很有可能做了之後又復發了。錢花了，罪受了，可能還沒治好。

我腦子迅速轉了十五秒，跟醫生說：「我們都做，如果心房顫動復發了，我不會怪醫院，也不會怪你。我不懂醫學，但我是講道理的人，你放心做手術，我們家屬來保證病人的信心，我們一起盡力就好。」

週三早晨八點到下午三點，七個小時。電子螢幕上終於閃了三次綠色的「手術結束」，醫生們完成了這場複雜的開胸手術，我媽進入重症監護室，開始了她的康復之路。從來沒有經歷過此種場景的我，以為會在手術時間裡特別擔心著急，但實際上我卻一點都沒擔心，該吃吃該喝喝，不知道為什麼，就是特別相信醫生。

在所有醫護的關懷和幫助下，老媽恢復得非常好，當天麻醉醒了，管子拔掉了，第三天出了加護病房，引流管拔掉了。作為開胸大手術，出了加護病房就下床散步了，術後第四天就能吹氣球了，出了院就逛街去了。

六十二歲老人的恢復速度把我都看傻了，我時常感嘆，現代醫學太神奇了吧。

後來朋友問我，我一點都不害怕嗎？害怕啊，怎麼不怕，但後來，大夫跟我說了一句話：「在面對病人的時候，我們和家屬是站在一起的，我們都希望病人能好起來。如果病人沒有好，我們的自責和壓力，都是外人無法想像的。」

就這一句看似與病情無關的話，讓我突然安了心，和他站在了一起。

太難了，他們真的太難了

說實話，我挺心疼醫生的。每天晚上九點最後一次查房，早晨七點又到醫院了。白天手術沒完沒了，中間一點休息時間還要跟病人家屬不斷談話，還要態度和藹可親不厭其煩。稍微有點急躁情緒，就會被指責態度不好。每天提心吊膽地操心著每個患者的病情，放假都不敢走遠，一個電話隨時隨地要趕回醫院救命。

我每天就在探視時間跑來跑去，還能住在醫院門口朋友家裡，我都覺得累，但比起他們，我這些又算什麼呢？

每天哄病人跟哄小孩一樣耐心又細心，呼叫器隨便一按，隨叫隨到，中午醫生辦公室桌子上擺好了便當，都不見醫生過來吃，手術一結束腰都直不起來，腿都不能動了，承擔著巨大的心理壓力和風險。我在微博上感嘆醫生的不容易，有人居然說：所做的一切都是職責所在，有什麼好辛苦的？

真想一巴掌扇死這位，職責所在就欠你的了嗎？你上班都盡心盡責過嗎？一百二十萬分努力和盡責就換來你一句「應該的」？

表弟是個牙醫，有一次大年初二，正在家過年，病人打電話來要求看病。表弟說可以去急診，醫院有大夫上班，對方表示：「你們醫生居然還過春節？」

朋友是康復中心醫生，病人要求超時復健，但因為會影響下一位病人的時間而被拒絕，這病人轉身對朋友破口大罵。

醫病關係表面受傷害的是醫生，但最終受害的是我們

有個醫生的文章洗版，講的是一個十九歲的小丈夫，帶著被縣醫院判了死刑、連家人都放棄了的老婆來作者的醫院看病。全身上下只有兩萬元人民幣，且病情凶猛又緣起不明，病人體弱承受不了手術之創。醫生感到為難，但又被小丈夫的赤誠之心打動，努力地省錢幫他們治病。當醫生正為病情毫無進展愧疚的時候，小丈夫不斷用自己的信任和坦誠打動著醫生。最終，病人好了，小丈夫「深深地鞠了一個躬，然後就一直這樣弓著背，低著頭，倒退著，走出了我的門診辦公室」。

這篇文章引出了很多人的眼淚，為醫生，也為小丈夫，為他們之間的相互信任和感動，是壓力更是責任，有個評論寫道：「如果文中這個有擔當又質樸的小丈夫換成一個刁蠻者，其病妻的結局就可想而知了。雖說醫者仁心，但仁心也是血肉之心，傷不起啊！」

現在的醫病關係很嚴重，表面受傷害的是醫生，但最終受害的是我們。很多人看病，不是帶著信任的心，而是怨懟和懷疑的心，動不動就開罵，一言不合就撕破臉。

太多人覺得，醫生應該看自己一眼就知道什麼病，做任何檢查都是要賺黑心錢，都是過度治療亂檢查。只要沒治好病，就是庸醫，就是事故。醫生就是服務員，憑什麼態度不好不微笑？

你以為自己破口大罵占了上風，你以為自己動不動就鬧得拿了錢占了便宜，但最終的結果是醫生再不敢多說一句話，不敢給出任何建議，不會再冒險嘗試一切可能性，不會再為你赴湯蹈火地拚命，因為好心沒好報，不得已只能自保。微博裡有個讀者評論說：「就像學校裡，家長對管學生的好老師大打出手，最後毀了的是你自己的孩子。」

好的醫生越來越少，學醫的年輕人越來越少，當醫生變成了高危險職業，心寒職業，忙成狗都沒尊嚴的職業，二十年後，等待我們的，只有死。

我真的謝謝醫生

我媽手術的那天晚上，我站在醫院樓下的馬路上抬頭看，整個大樓燈火通明，與北京西城這個老城區周邊的夜幕安靜有些格格不入。那裡面，是每時每刻都在救人救命的心血管病專業醫生。這個全世界就診量最大的心臟病醫院裡，住著來自全中國的心臟病危重病人。

我跟所有病人的家屬一樣，都住在這附近的各種房子裡，手機二十四小時開機，隨時準備著接醫院的緊急電話。那一刻，我經歷著自己從未經歷和見過的一切。那些曾經只能在電視裡見過的場景，我就身在其中。所有的病人家屬，都在互相鼓勵，無論貧窮還是富有，無論從哪裡來，做什麼的，我們都在一起，默默耐心地等待。我們都無比虔誠地相信這座燈火通明的大樓裡，每一個人所做的努力。

我跟朋友說，出院以後，我一度覺得很恍惚。因為這裡的一切，跟我平時接觸到的充斥著金錢和利益的世界太不一樣了。這是我第一次切身地站在醫護中間，站在那麼多危重的病人中間，看到那麼多醫學技術所締造的奇蹟，看到所有醫護匆忙的奔波和忙碌……他們在救命，毫無私心地救人。他們所挽救的不僅僅是一個人，更是一個個瀕臨破碎的家庭。而來自家屬和病人的信任，就是他們最大的動力和信心。

前幾天我在餐廳拍了一張照片，我媽跟我兒子坐在餐桌前互相對視——兒子著急地跟外婆講自己看到的一切，外婆慈愛地看著外孫。

我把這張照片發給主刀大夫，想到二十天前還是在醫院不能動的危重病人，千言萬語匯成一句話發給他：「謝謝醫生，真的。」

三十二歲時，從朋友圈學到的二十二個人生真相

很多人問我，為什麼叫「一直特立獨行的貓」？其實是因為，當年起這個名字的時候，我剛畢業。我希望自己很多年後，還能像剛畢業的時候一樣，充滿稜角，不要被社會的大熔爐所同化，記得自己當年初出茅廬時的樣子。

如今，十年過去了。我早已不是十年前不可一世的自己。現在的我，最重要的事，就是過好自己的生活，愛自己家裡的人，低調、安靜、內斂地做自己認為重要的事。不在乎別人的閒言碎語，不嫉妒別人的美好成就。祝福、讚美他人，安心地好好做自己。當心裡燃燒著油膩中年熱火的時候，提醒自己，那個一直特立獨行的樣子，自己別忘了。

很多人問我，哪裡來的那麼多正能量？其實所謂的正能量，並不來自多麼偉大的人和故事，反而來自身邊。因為工作關係和喜歡買買買的原因，我朋友圈裡有很多並不熟悉的人和賣各種外貿雜貨、海鮮代購的微商，像一個小世界，光怪陸離，但又十分現實。每天我都會更新一遍我的朋友圈，裡面有很多金句和故事，每天我都會隨手收藏幾個，每一句都能幫我

熬過艱難的一整天。

奮鬥篇

1.別低頭，王冠會掉；別流淚，賤人會笑。好好努力，多多賺錢，你才會知道，你的人生自己說了算的感覺有多好，這個世界有多現實就有多公平，想要毀滅你的，會讓你變得更強大。

2.君子報仇，幹嘛等十年？讓自己成功，是對看不起你的人最好的報復。別記仇，別哭鬧，你要過得比他好一萬倍，再見面，開著你的豪車穿著貂，輕輕地說一句：「嗨，好久不見。請你吃飯，菜單上挑貴的，隨便點。」

3.小孩子才看喜好，成年人只看利弊。互幫互助才能互惠互利。從你不喜歡的人身上，得到你想要的東西，學到對方才有的優點，你才能比他更優秀。寬容是一種美德，包容是一種強大。

4.窮人或所謂的普通人，是手裡有多少資源，才敢辦多大的事；富人是想到某些事，目標定下了，並為之開始籌措資源。因為這樣的思維，沒什麼可以攔住他們做事。沒錢可以借，沒人可以請，不懂可以外包，限制可以規避，敵人可以和好，對手可以買通。

5.別哭窮，因為沒人會給你錢；別喊累，因為沒人會幫你做；別想哭，因為大家不在乎；別認輸，因為沒人希望你贏。

6. 如果你滿足於歲月靜好，那就別對別人的優越生活羨慕嫉妒恨；如果你滿足於錢夠花就好，就別說別人的成功是因為耍心機。

7. 如果你覺得當個自由職業者，就是自由自在不看老闆客戶同事的臉色，那你除了做好足夠的經濟準備外，思考、行動、堅持、自律，是你更要恪守的準則。否則，渾渾噩噩一段時間以後，你喪失的不僅僅是你的物質基礎，還有你最賴以生存的社會價值。人一旦習慣了閒，就很難再緊張起來。

8. 薪水低的最大原因是，強者都在「想」怎麼辦，你總在「問」怎麼辦。

9. 做事情眼光要長遠，不要總想著眼下別人做什麼賺錢，你就跟風做什麼。鍛鍊好自己的能力，在一件事上深挖下去，讓錢來追你。

10. 自己曾經最鄙視的「拍馬屁」「耍心機」，在如今看來，不是自己看不起，而是自己學不會，心中便生出了嫉妒。現實又功利的世界裡，這是多麼重要的技能。

11. 別作惡，別把運氣當實力，別膨脹自己的自尊心。三十年河東，三十年河西，別不可一世看不上今天有求於你的人。

12. 有個資質一般的朋友想要認識頂級的強者，每天不斷文章按讚轉發，免費幫忙。這個世界，伸手不打笑臉人，直到強者崩潰，終於有了第一次對話的機會。如今他們已經成了忘年交，互幫互助，全傾全力。這個故事告訴我們，如果你想讓別人幫你，送禮幫忙做在前，「誠意」是這個世界最大的現實。

生活篇

13. 你接近什麼樣的人，就會走什麼樣的路。窮人會教你如何節衣縮食，小人會教你如何坑蒙拐騙，牌友只會催你打牌，酒友只會催你乾杯，而成功的人會教你如何取得成功。人最大的運氣不是撿，也不是中獎，而是有人可以鼓勵你、指引你、幫助你發現更好的自己，走向更高的平台。其實限制人們發展的，往往不是智商和學歷，而是你所處的生活圈和工作圈。你身邊的人很重要，所謂的貴人，並不是直接給你帶來利益的人，而是開闊你的眼界，糾正你的格局，給你正能量的人，並且要你明白，所有浪費的日子都是要還的。

14. 妳身上的所有贅肉，都是妳向生活妥協的痕跡。管理好自己的體型比管理好老公更有價值和意義。一個女人，可以沒有背景，但一定要有背影。

15. 別暴露太多私生活，暴露越多，給別人提供的抹黑你的談資就越多。你永遠不知道，背後有多少人等著抹黑你。

16. 三十多歲的年紀，人會慢慢變得自負、自大、唯我獨尊、油鹽不進。對別人只有嫉妒，否定，表面祝福、背地裡等著別人出醜。警惕這些變化所帶來的故步自封和小肚雞腸，它們決定你中老年時代的人生方向。

17. 該拒絕就拒絕，別考慮什麼面子，沒面子。

18. 認清楚你該付出真心、時間、金錢的人，不要因為對不相干的人付出太多而忽略了枕邊的另一半、孩子。

19.孩子是媽媽最好的奢侈品，是家庭最高榮譽的表現。即使你事業有成，年入千萬人民幣，孩子出門就撒潑耍賴，所到之處人人嫌棄，啥都不會，那你該考慮一下辭職了。

20.如果喜歡晒孩子自拍，記得過一會兒刪掉，不然一朋友圈幾千人都知道你孩子今天去哪兒了，叫什麼，住哪裡，幼稚園是哪一家。

21.堅持體檢，認真鍛鍊，給自己和家人買好保險，特別是重大疾病險。年齡不饒人，你不再是二十歲的小年輕了，七十二小時不睡覺洗把臉還能九點鐘來上班。

22.如果說二十多歲一人吃飽全家不餓，一人賺錢買包包就足夠了。但三十二歲開始，你要開始鋪設自己在這個城市，甚至是更大範圍的人脈了。成年人之間，不管你是否喜歡對方，互幫互助，互相利用，就是最健康的生活指南。人到中年的世界裡，錢不是百分之百都能用得上，何況自己還沒什麼大錢。

高寶書版集團
gobooks.com.tw

高寶文學 028

人生好貴，請別浪費

作　　者　特立獨行的貓
特約編輯　林婉君
助理編輯　陳柔含
封面設計　林政嘉
內頁排版　趙小芳
企　　劃　何嘉雯

發 行 人　朱凱蕾
出　　版　英屬維京群島商高寶國際有限公司台灣分公司
　　　　　Global Group Holdings, Ltd.
地　　址　台北市內湖區洲子街 88 號 3 樓
網　　址　gobooks.com.tw
電　　話　(02) 27992788
電　　郵　readers@gobooks.com.tw（讀者服務部）
　　　　　pr@gobooks.com.tw（公關諮詢部）
傳　　真　出版部　(02) 27990909　行銷部 (02) 27993088
郵政劃撥　19394552
戶　　名　英屬維京群島商高寶國際有限公司台灣分公司
發　　行　英屬維京群島商高寶國際有限公司台灣分公司
初版日期　2019 年 01 月

原書名：餘生好貴，請勿浪費
本作品中文繁體版通過成都天鳶文化傳播有限公司代理，經北京天雪文化有限公司授予英屬維京群島商高寶國際有限公司台灣分公司獨家發行，非經書面同意，不得以任何形式，任意重製轉載。

國家圖書館出版品預行編目 (CIP) 資料

人生好貴，請別浪費／特立獨行的貓著．-- 初版．--
臺北市：高寶國際出版：高寶國際發行，2019.01
　面；　公分．--（高寶文學：028）

ISBN 978-986-361-621-4(平裝)

1. 成功法　2. 通俗作品

177.2　　　　107021476

GOBOOKS
& SITAK
GROUP ©